あなたを幸せにする50の極意

神さまに愛される最高の生き方！

山川紘矢　山川亜希子

興陽館

神さまに愛される最高の生き方！

あなたを幸せにする50の極意

山川紘矢
山川亜希子

興陽館

世の中には、幸せに生きている人と、そうでない人がいます。

神さまに愛されて毎日幸せを感じている人がいる一方で、いつも自分は不幸だと嘆いている人もいます。

同じように頑張って生きているのに、一体、両者の間にはどんな違いがあるのでしょうか。


それは「神さま」の存在に関わってきます。

神さま？

そう「神さま」です。

私たちは、30年間、多くの心の本を日本に翻訳紹介してきました。

『ザ・シークレット』『聖なる予言』『アルケミスト』『前世療法』『アウト・オン・ア・リム』など、累計１０００万部は読まれているでしょうか。

同時に、まさに心の旅を続けてきたように思います。

その中でいくつもの目に見えない体験をしてきました。

私たちは、目に見えない神さまを感じることができるようになったのです。

あなたは毎日、幸せを感じていますか？

あなたが「幸せで楽しい」ならば、それは素晴らしいことです。

もしあなたが、不安・困難・悲しみ・怒りに突き当たっていたとしても……。

たとえ、今あなたが、「どんなつらい時」だとしても心配しなくても大丈夫です。

この本では、不安・困難・悲しみに突き当たった時でさえそれを「受け入れ」て、幸せに生きる方法について書きました。

それは「神さまに愛される生き方」です。

あなたが神さまに愛されるためには、全ては本当のあなたを知ることから始まります。

さあ、この本のページを開いてみてください。

この瞬間から、あなたの人生が大きく変わっていきます。

はじめに

神さまに愛されるにはどうすればいい？

突然ですが、あなたに一つ質問します。
神さまはどこにいるのでしょうか。
神さまに愛されるにはどうすればいいのでしょうか。
神さまに愛されるには、まずあなたは神さまを信じていなければなりません。

あなたは神さまを信じていますか？
もし、あなたがまだ神さまを見つけていなかったら、ぜひ、神さまを見つけてください。

神さまはどこにいるのか。
神さまは頭でわかることではなく、ハートあるいは身体全体でわからなくてはなりません。

あなたは神さまを知識としてではなく、自分の体験から見つけていかなければなりません。幸い、人は40代ぐらいになると、本当の意味で大人になって、自然と神さまのことがわかるように創られています。

もし、40代になっても、神さまが信じられない人は、成熟不足で、どこかに問題があると言えるでしょう。おそらく、見えない世界がわからない、あるいは悪い意味で、頭が良すぎるのかもしれません。

あまりにも論理的な頭脳や自我が邪魔しているのです。

でも心配しなくても大丈夫、僕もそういうタイプの人間でした。

僕も神さまなんていないと思っていました。

40代後半になってから、少しずつ、神さまのことがわかってきました。

驚くことに神さまはすぐ近くにいました。

何と、自分が神さまと一つだということがわかってきたのです。

そして人生が変わりました。恐れから生きるのではなく、愛から生きることができるようになりました。

あなたも毎日、なるべく多く、「神さま、ありがとうございます」と口にしましょう。すると、不思議なことが起こります。

人生は平和でスムーズになり、順風満帆になるのです。

この本では、それぞれの項目について、まず紘矢が書いて、亜希子が「ついでにひとこと」を書き足しました。

「神さまに愛される生き方」について、読みながら理解を深めていただければと願っています。

第1章

あなたは自分を大切にして生きていますか

第3章

本当のあなたは誰か知っていますか

第4章

あなたはもっと好きに生きていい

第5章

神さまから愛される最高の生き方って何？

第6章

神さまに愛される6つのワード

第1章

あなたは自分を大切にして生きていますか

01

神さまはどこにいるのか？

神さまはどこにいるのか、わからない。
そう感じているあなたへ。
あなたが自分の外に神さまを求めても
なかなか見つけることができません。
神さまを見つけるためには、
まずあなた自身の中を探すことです。

あなたに質問します。


あなたは神さまを感じていますか。

あなたは神さまを探していますか。

あなたは神さまがどこにいるのかを知っていますか。


あなたはご存じでしょうか。

意識するにしろ、無意識にしろ、私たちは神さまを探しています。

多くの人が神さまを見つけようとして、いろいろなことをしています。

滝に打たれたり、中には自分を鞭で打ったり！　座禅を組んだり、自分のグルを探してインドに行ったり、数々の宗教遍歴をしているようです。

あなたがもし、本当に神さまを見つけたかったら、あなたがするべきことはたった一つです。

あなたは自分は何ものか、という自己探求をしてください。

神さまはどこにいるのか、わからない。


そう感じているあなた。

あなたが自分の外に神さまを求めてもなかなか見つけることができません。

神さまを見つけるためには**自分の中**を探すことです。

自分の外に神さまを見つけようとしても、それは間違った場所を探しているのです。


こんな話があります。

ある時、夜道を歩いていると、家の外にある街灯の下で、地面を這うようにして、何かを探している男、ナスルディンがいました。

「何を探しているのですか?」とたずねたところ、その男、ナスルディンは答えました。

「針をなくしてしまったのです。だから明るいこの場所で針を探しているのです」

そこで私はナスルディンに「その針をあなたはどこでなくしたのですか?」と聞きました。

すると彼は「家の中でなくしました。でも家の中は暗くて見つからないので、明るい外で探しているのです」と答えたのでした。

多くの人は間違った場所で一生懸命に神さまを探しているのかもしれません。

探し回ったあげく、なーんだ、神さまは自分の中にいた、自分が神さまだったとわかるのです。

ついでにひとこと

ここにあるものは全て神さまだと思います。

神さまと言うと、形のある何かを想像しがちですが、ただ、この世界を創っている源のエネルギーのことなのです。

そしてここにあるものが全て、その源のエネルギーで創られています。だから、全ては神さまなのです。ここにあるものが全て神さまであるならば、私たちも当然その一つ、つまり神さまそのものだと思います。

それさえわかれば、もう大丈夫。

どこかを探す必要はありません。

全てが神さまなのだから。

私もあなたも、あの人もこの人も、あの山も海も、犬も猫も、コップも水も、ばい菌もチョウチョも、何から何まで神さまが姿を変えただけ。

そのことが少しでも腑に落ちると、世界は変わって見え始めるでしょう。そのような神さまの探し方もあるのです。

02

心が穏やかで楽になるには

「起こることを起こらせなさい」
あなたに起こること
全てを「受け入れ」ましょう。
あなたの人生はいろいろなことを
体験するためにあるのです。

私たちは21世紀に生きています。まずは平和な社会に生まれたことを感謝しましょう。平和な世界だからこそ、いろいろ好きなことができるのです。僕は自分のことを平和主義者で自由主義者だと思っています。

自由があること、それが人生の最大の喜びです。

国家公務員を22年間やっていましたが、自分の人生に思ってもみなかったような、本当に素晴らしいことが起こり、自由の身になったことに感謝しています。翻訳をしたり、自分で本を読んだり、小さな家庭菜園で野菜を育てたり、好きな時に映画を見に行ったり、行きたいところへ外国旅行をしたり、頼まれれば、講演会もします。ダンスの会もやっているし、ヨガの仲間もいて、1ヶ月に1回はヨガをしてから昼食会をしています。

そして暇があれば、ひなたぼっこ。本当に理想的な生活だと思います。子供がないことは残念ですが、それも「受け入れ」ということがわかり、今生は子供のない人生を楽しんでいます。また、人生はいろいろなことを体験するためにあるのだとわかってからは、子供のない人生もまた、一つの人生だと思っています。

何か子供の代わりに身近に愛するものが欲しいのですが、犬や猫でも良いのです。

でも、自分の自由がなくなるのが嫌で、2匹の犬が天国に行ってしまってからは、夫婦2人だけの平和な生活をしています。周りには毎朝出会うラジオ体操の友達もいて、本当にありがたいと思っています。

ついでにひとこと

私はずっと、心の平和が欲しいと願っていました。いつも心にさざ波が立っていて、時にはそれが大きな荒波になってしまい、静かな湖面のような状態ではなかったからです。

ある時、瞑想のクラスに参加しました。先生は『ホワイトホール・イン・タイム』という名著のあるピーター・ラッセルでした。

「ただ呼吸に意識を向けなさい。姿勢は一番楽なように。横になっても、背中が曲がっていてもいい。ただ、楽にしていなさい。そして呼吸に意識を向ける。意識が呼吸からそれているのに気づいたら、また呼吸に意識を戻しなさい。そして起こることを起こらせなさい」

私はその通りにしました。「起こることを起こらせなさい」という言葉だけを心にとめていました。

何分かたった頃、突然、それが起こりました。心が平らな水面のように静かになり、意識が明晰になり、とても気持ちが穏やかになりました。

それと共に、背筋がすっと伸び始めて、頭が天からつり下げられたようにまっすぐになりました。そして、その状態は瞑想の終わりが告げられるまで続きました。私がずっと望んでいた心の平和とはこのことかと思いました。

その後数年たって、そのままの自分を全て許し、受け入れた時、この時と同じ心の平和がどんな時にも私の中にあるようになりました。

平和とは、心の中にあるもの。私たちの魂の本質であるものなのです。

03

人生で一番大切なことって？

全てを優先してあなたは
「自分を知ること」に集中すると
すごいことが起きます。
そして、あなたが自分を知るためには、
自分を見つめる目が必要です。

「自分を知ること」。これが一番大切だと思っています。お金よりもキャリアよりも、全てを優先して「自分を知ること」に集中してください。

すごいことが起こってきます。今まで自分だと思っていた自分は本当の自分ではなかった、というびっくりするようなことがわかってきて、僕の人生は40代で大きく変わったのでした。それは神戸市にいた時、ある女性に勧められて、「自分を知るためのセミナー」を受けたことに始まりました。「自分自身を知る」という「気づきのセミナー」を英語で受けたのですが、初めは何が何だかさっぱりわからなかったのです。セミナーが英語だったということもありますが。

ダンカン・カリスターというアメリカ人がそのセミナーの先生でしたが、英語で鋭く質問されたり、怒鳴られたりで散々でした。幸いなことに、英語がよくわからなかったので、怒鳴られてもポカンとしてニヤニヤ笑っていました。するとさらに怒られたりして、何をやっているのか、さっぱりわかりませんでした。

あとになって、僕の感情を引き出そう、つまり、怒らせようという意図で、わざとひどくて汚い言葉を僕にあびせかけていた、ということがわかったのです。そのセミナーはとても良くできていて、そのセミナーに出会ったからこそ、今のスピリチュアルな僕がいる、という運命的な出会いでした。自分を知るきっかけになりました。そして僕の世界が変わりました。それまでは国家公務員という世界に安住していたのでした。

ついでにひとこと

私にとって、スピリチュアルとは「自分を知る」「自分が何ものであるかを知る」ことです。自分のことは自分が一番よく知っているというのは、間違いです。自分のことはなかなか見えないものです。他人の方が私のことをよく見ている、ということはよくあります。夫は私について、私よりもずっとよく見えている、知っている、ということが何回もありました。

同じように、私が彼のことを彼よりもよく見ていることもありました。

つまり、人のことは見えても自分のことは見えないものなのです。そして、自分を知るためには、自分を見つめる目が必要です。自分ともう一人の自分が必要と言うか。そして、その目を持つことこそがスピリチュアルになることであり、その目を使って自分自身を知ることがスピリチュアルな学びなのです。

そして自分自身について学ぶことこそが、学びの中で最も大切なことなのです！

04

自分とは何か考えたことがありますか？

自分って本当に深くて大きくて
得体が知れない。
エゴのレベルの自分もいるし、
宇宙レベルの自分もいます。
あなたが自分はこんなもの、
と思っているよりも、
ずっとずっとあなたは、
大きくて素晴らしい。

自分を知るってどういうことですか？　とよく聞かれました。

でもそれがどんなことかを説明することは簡単とは言えません。自分って本当に深くて大きくて得体が知れないからです。エゴのレベルの自分もいるし、宇宙レベルの自分もいます。自分はこんなもの、と思っているよりも、ずっとずっと大きくて素晴らしいものなのです。初めはそのようなことを教えてくれる人は誰もいませんでしたから、自分とは何ものなのかを全く考えてみたこともなく、日々の生活を、人生ってまあ、こんなものかと楽しく、そして、とても浅く生きていました。喜びも、悲しみもそれなりにありましたが、何もわかっていなかったのです。

それでも、幸いなことに、あまり大きな不都合もなく、人並みな生活もうまくいって、何と40歳をすぎるまで続いていたのです。人生とは何なのか？　自分とは何なのか？　40歳にもなって、そんなことを口にしたら、まるで若者みたいね、と笑われてしまうのでした。

自分はどこから来て、どこに帰っていくのだろうか？

何をするためにここにいるのだろうか？

なんて、あまり深くも考えないで、僕は良い大学は東大だからと思い、東大に行けば何とかなるだろうと1浪して東大に入り、東大では法律の勉強をして、上級公務員試験を受けて合格し、大蔵省（今は財務省）というところに就職したのでした。つまり、国家公務員になりました。

そこではいろいろな面白い仕事もありましたし、つまらない仕事もありました。でも実は何もわかっていなかったのでした。上司に命令されれば、一生懸命、嘘の国会答弁を作り上げていました。

それが、そこのルールでしたから、当然のことだと思っていたのです。

ついでにひとこと

40歳近くになるまで、私も自分とは何か、など考えたこともありませんでした。自分はいつもイライラしていて、ちょっと鬱っぽくて暗い、それが自分だと思っていました。そして明るくて元気で、みんなの人気者になっている人たちがうらやましくてたまりませんでした。

美人もうらやましかったし、社会で大活躍している人もすごい、と思っていました。見かけや仕事などの表面的なこと、性格や態度などが自分だと思っていたのです。そして、人からどう評価されるかを、とても気にしていました。人の評価が自分という人間の価値を決めると思い込んでいたのです。それも無意識に。

つまり、自分はどんな人間か、本気で見つめたことはありませんでした。その上、自分が何をしたいか、何が本当に得意なのかさえも、わかっていませんでした。その時その時を必死で何とか生きのびてきただけかもしれません。

でも、そんな人生もそれはそれで、良き人生だったと思います。楽しいこともあり、つらいこともありました。どれも貴重な時間でした。

そして何よりも、そのように生きてきたことは、無駄ではなかった、良い体験だった、そしてあの時がなければ、今の私はいないのです。

05

あなたが本当にやりたいこととは？

あなたが本当にやりたいことは何ですか。
あなたは、ともかく身近にある
面白そうなことを
一生懸命やってください。

僕は自分が本当にやりたいことは何か？　ということをあまり深く考えないで生きていました。「自分が本当にやりたいことって何ですか？」と聞かれても、「わかりません。本当にやりたいことがわからない」と言う人が、ほとんどなのかもしれません。実はそれはあまり良いことではないと思います。

自分が好きなこと、他人を見てうらやましいなと思うこと、自分の才能があると思う分野、ワクワクすることなど、ノートに書き出してみるのもいいと思います。でも、自分にはその能力がない、と諦めることはないと思います。

もし、あなたに大きな夢があって、夢に向かって進んでいるのであれば、素晴らしいことだと思います。

あなたの夢はいつか実現するでしょう。本当にやりたいことが見つかったら、そんな人はラッキーだと思います。僕は自分の人生を振り返ってみて、国際機関で働いていた時、かなり楽しく仕事をしていたように思います。人生に「もし」はない、と今では確信していますが、もし公務員をそのまま続けていたら、国際機関で働くようになっていたかもしれません。22年間の公務員生活ではマレーシア大使館に外交官として3年間、東京にある国連大学に財務部長として2年間、ワシントンD．C．にある

ついでにひとこと

世界銀行で3年間働きました。

その3つの職場はとても楽しかった、ということは言えます。また、アメリカの大学院で経済学の勉強をしていた2年間もとても楽しい思い出がいっぱいです。

10年間は外国に関係のある仕事をしていました。でも他の職場もそれなりに楽しかったのです。でも、それが本当に自分のすべき仕事だったかなと考えると、少しばかり首を傾げます。

若い頃、自分は何をしたかったのかなあと、最近ふと思いました。その時々、手近にあって楽しそうなことをちょこちょことやってきたのが、私だったような気がします。仕事にしても何をしたいのかよくわからなくて、新聞広告で良さそうなところに応募して、採用されるとそこで与えられた仕事をして、結構楽しく働いていました。

今、私は翻訳や本を書く仕事をしていますが、両方ともかなり好きです。

でも、それは好きだから始めたわけではなくて、やってみたら面白かったし好きな仕事だったのです。

好きなことをしなさい、と言われて困る人も沢山いると思います。そんな人は、ともかく身近にある面白そうなことを一生懸命やってみてください。一生懸命やってみると、自分なりの工夫が生まれたり、思ってもみなかった面白さを発見したりするかもしれません。

しかも、それがのちのあなたの大切な仕事のための予行練習なのかもしれません。そして、そのうち、何が得意か、何をしていると楽しいか、わかってくるでしょう。

すると、今生のあなたの天命や使命である仕事に出会えるようになるかもしれません。

06

毎日に素晴らしいことを起こす方法

「人間だけでなく、この世の生きとし生けるものはみんな神さまです」。
みんな平等で、かけがえのない存在です。
そのことがわかると、
あなたにも素晴らしいことが
いっぱい起きてきます。

人生にはその人の運命があるのだと思っています。

僕は病気になって22年間務めた公務員を辞めました。辞めざるを得なくなったのです。

やはり、自分が本当にやるべき仕事ではなかったのです。22年間の公務員生活はその後の「神さまの仕事」をする準備期間だったのだと思います。もし、それが自分の天職だと感じて、日々励んでいる人はみんな、神さまの仕事をしているのだと僕は思います。実は誰もが神さまのエージェントとしてこの地球に降臨してきているのですから、誰もが神さまの仕事をしているのかもしれません。だって、あなたも私も人は誰もが神さまの子供なんですから。宗教に入ってこんなことを言っているのではないのですよ。

人はみんな神さま、というのが僕の感覚です。とてもスピリチュアルな考え方です。三波春夫さんという歌手が「お客様は神さまです」なんて言っていましたが、「人間だけでなく、この世の生きとし生けるものはみんな神さまだ」というのが、今の僕が到達したスピリチュアルな真実です。

この世は神さまが創造されたもの。この世にある全てのものは神さまから生まれた神さまの創造物です。そして、それは完璧にできていて、みんな平等で、かけがえのない存在です。そのことがわかると、人生は当然のことながら、素晴らしいことがいっぱい起きてきます。

ついでにひとこと

神さまの仕事は、神さまの言葉を伝える仕事、人々の悟りを助ける仕事、人々を癒す仕事、チャネリングやヒーリングや、神さまに仕える仕事だけではありません。多くの仕事が神さまの仕事でもあるのです。

ただ、どのような思いを持って仕事をするかが、それが神さまの思いに適った仕事になるかどうかの決め手なのです。

お米や野菜を作るお百姓さん（この言葉は差別語らしいのですが、実は百姓という言葉は、百の仕事ができる優れた人たち、という意味を持っています）は、人々のために一生懸命、おいしい食料を作ってくれます。その時、彼は神さまの仕事をしています。官僚が人を幸せにするために一生懸命働く時、それは神さまの仕事ですが、もし、自分の出世のために必死で働いていたら、それはちょっと違うかもしれません。

そして、世の中には残念なことに初めから神さまの仕事でないものも増えています。

添加物だらけの食品を作ったり、お金儲けだけに夢中になったりするのは、明らかに神さまの仕事ではないでしょう。自分だけ良ければ良い、人はどうなってもかまわないというのは、神さまの思いではないからです。

自分を知る道を歩み始めた時、誰もがそのような仕事から足を洗いたくなります。

そして、自分の行くべき道、神さまの道を発見するのです。

07

自分を愛する
最初の一歩

あなたは、あなた自身のことを
どう思っていますか。
もし、あなたが自分のことを
自分が嫌っていると気がついたら、
それは素晴らしいことです。
あなたの人生の目標を
自分を好きになることにしましょう。

自分を愛することが大切です。一番大切なことは自分を知ること、と書きました。自分を愛することは、それと同じくらい大切なことです。今、あなたは自分のことをどう思っているのでしょうか？　まずそこを見てみましょう。

自分を知る最初の一歩です。もし、自分のことをダメな奴だと思っていたら、人生はうまくいきません。あなたは劣等感が強いですか？「自分なんてダメ」が口癖になっていませんか？　もし自分のことが嫌いだったら、そのことに気づいてください。どうして自分のことが嫌いになってしまったのでしょうか？

これはとても重大な問題です。もし、自分のことを自分が嫌っていると気がついたら、それは素晴らしいことです。自分は不十分だと気がついても良いでしょう。あなたは自分が不十分だと思ったら、日々努力をするでしょう。

それも素晴らしいことです。でも、努力はもう止めても良いのかもしれません。あなたはもう十分に努力してきたからです。

あなたが自分を嫌っているとわかったら、**あなたの人生の目標を自分を好きになることにしましょう。**自分は自分を嫌っていると気がついただけでも、素晴らしいことです。これからの目標は自分を好きになることです。

角川文庫で出ている『宇宙で唯一の自分を大切にする方法』（山川亜希子著）をぜひ読んでください。あなたはそのままで素晴らしい存在なのです。素晴らしい自分に気づいて、自分を本当に好きにならないと人生がうまくいきません。「自分のことを大した人間だと思っている」人はうぬぼれていると非難されてきました。謙譲の美徳と自分を一番大切にすることは相反することではない、ということにも気がつきましょう。

自分を大切にしてこそ、謙譲の美徳が生まれるのだと思ってください。「わたしが、わたしが」と我を主張する人は、実は自分を十分に愛していないのです。

ついでにひとこと

自分を本当に好きになれば、この世界に何一つ問題はなくなるよ、と私に教えてくれた人がいました。

その話を聞いて、自分を好きかどうかよく考えてみると、その頃の私は自分が大嫌いでした。そして、その大嫌いな自分を少しでも受け入れるには、人から褒められる必要がありました。

だから学生の時は良い成績を取ろうと一生懸命勉強しました。会社で働いていた時には、少しでも上司から褒められようと一生懸命働きました。でも、いくら一生懸命努力しても、うまくいくとは限りません。

成績が落ちたり、仕事もうまくいかなかったり、上司の期待に応えられなかったりすると、「ああ、自分はダメな人間だ」と自分を許せなくなりました。だって、人から良い評価を受けた時だけ、自分をやっと許せたのですから。

だから自分を好きになれば全てうまくいくよと教えられた時、とてもそんなことは信じられませんでした。

でも、今、どんな自分も本当に受け入れ、許し、好きになってみると、それは本当でした。世界中、問題だらけかもしれませんが、私の日々の生活には、何一つ、問題はないのです。失敗もあれば、馬鹿なこともします。損をしたり、人とうまくいかなかったりすることもあります。

でもそんなことは滅多に起きないし、そんなこともあるよねと、自分を許してしまうからです。そういう人が増えれば、世界中の問題も少しずつ減ってくるかもしれないと思います。

だって、自分を嫌っている人、不十分だと思っている人が世界中に蔓延しているので、いろいろな問題が起きているのですから。

08

他人の評価は気にしない

自分の本当の気持ちを大切にしましょう。
もし、あなたが自分を大切にしていない、と気づいたら、それでいいのです。
気づかないで、自分を粗末に扱っている人はとても多いからです。
あなたは、今日から自分を一番大切にしていこう、と決心してください。

自分を大切にするってどういうことですか？　と聞かれたことがあります。
これも自分を知ることの中の重要な柱の一つです。
あなたは自分を大切にしていますか？
まずは自分の身体を大切にしているでしょうか？
食べ物に気をつけていますか？
甘いものや、ジャンクフードを沢山食べたりしていませんか？
自分を大切にすることの中には自分を愛することも当然含まれています。
自分をバッシングしていたらそのことに気がついて、やめるようにしましょう。
本当に自分のやりたい仕事がわかっていますか？
何をしている時が一番幸せですか？
いい友達に恵まれていますか？
いつも喜びを感じていますか？　いつも幸せですか？
身体に良いことをしているでしょうか？
ダンスが好きですか？
歌うことが好きですか？

自分が好きなことをして良いのです。

人からいつも良く思われたいですか？

働きすぎてはいませんか？

他人からの承認を求めすぎてはいませんか？

自分の本当の気持ちを大切にしましょう。もし、自分を大切にしていない、と気づいたら、それでいいのです。

気づかないで、自分を粗末に扱っている人はとても多いからです。今日から自分を一番大切にしていこう、と決心してください。

他人の評価よりも、自分に対する自分の評価を高めることが大切だと知りましょう。

ついでにひとこと

自分を大切にするには、今、自分がどんな生活をしているか、よく見てください。いい加減な食事をしている。睡眠時間を十分に取らない。働きすぎる。運動不足。健康に問題がある。いつも不機嫌。あなたの生活にこのようなことがあれば、それは自分をちゃんと大切にしていないということです。

いくつも思い当たることがあれば、そのうち、変えるのが最も簡単なことを変えてみましょう。食事がいい加減で運動不足だったら、毎日少しでも歩くようにするとか。一つ何かが変わるときっと次に何かが変わり始めます。そしてだんだん、自分を大切にし始めている自分に気づくでしょう。

反対に良い食事をし、健康的で運動も適当にし、楽しいこともやっている時、あなたはきっと自分を大切にすることを知っているのです。そして、意識的にさらに自分を大切にしてゆきましょう。

09

今どんな場所にいたとしても自分を信頼して進む

あなたは本来のあなた自身になれば
良いのです。
本来のあなた自身になるとは、
神さまである自分になるということです。
全ては神さま、私もあなたも
神さまなのですから。

自分の天職を見つけた人は幸いです。あなたは、この地球に何をするために生まれてきたのでしょうか？　何か得意なこと、自分がワクワクすること、自分が誇らしく思えること、自分に無理をさせない天職が見つかると良いですね。

「自分自身を知る」というスピリチュアルの王道を歩み始めると、自分に一番向いた仕事がわかってきます。そして、自然にそちらの方向へ導かれていきます。だから、あまり心配することはありません。

あなたが今やっていることをやるために、あなたは生まれてきたのです。

だから今やっていることを一生懸命やってください。やるだけやると神さまは、もう十分やりました、それで良いでしょう、では次の仕事に移りましょう、というチャンスを与えてくれるのです。

そのチャンスは思っていたよりキツいかもしれません。しかし、「自分とは何ものか？」というスピリチュアルな勉強は怠らないようにしましょう。そのうちに必ず導きがあり、チャンスがやってきます。そうしたら、自分の中にいる神さまが下さる直感に従っていけば良いのです。

自分が今どんな場所にいたとしても、「自分の幸せ」を求めて、直感を大切にし、自分を信頼して、進んでください。

ついでに
ひとこと

天命とか使命とか言うと、つい、重要な仕事をするとか、人のために大きな仕事をすることだ、なんて思ってしまうかもしれません。そういう人もいます。

でも普通は、ただ、本来のその人自身になれば良いのです。

本来のその人自身になるとは、神さまである自分になるということです。全ては神さま、私もあなたも神さまなのですから。

すると、もしかしてあなたはすごい大きなプロジェクトをすることになっている自分に気づくかもしれません。

またはただニコニコして人を楽しくさせるのが、あなたの天職なのかもしれません。

第2章

こう生きれば、あなたはもっと幸せになれる

10

シンプルに幸せになる

「幸せになる」ことが人生の目標です。
シンプルにとらえましょう。
難しく考えないことです。
あなたは、特別な人になる必要はありません。
神さまから愛される最高の生き方は本当の自分を生きることです。

「幸せになる」ことが人生の目標だと思ってください。シンプルにとらえましょう。難しく考えないことです。

もう幸せなら、人々に愛を与えましょう。幸せになるということは、自分の心の中に平和があることです。

人生に恐れがなく、心配もなく、リラックスして、豊かになり、自分が好きなことができて、人生を楽しめたら、素晴らしいと思いませんか？　お金の心配もなく、家族関係も平和で、友人もいて、健康であって、自分の好きな趣味もあって、住みたい場所に住んで。

一方で、社会的地位や権力を追い求めたり、有名になること、お金持ちになることなど、人はそれぞれ欲しいものを追いかけています。もちろん、それでいいのですが、大切なことは自分の心の中に平和があるかどうかなのです。どんなに社会的に偉くなっても、どんなにお金持ちになっても、夫婦の関係が悪かったり、親子関係が悪かったり、人から誹謗中傷を受けていたとしたら、心に平和はありません。この地球に生まれてきたということは、いろいろあっていいのだと思います。いろいろなことをダイナミックに体験することも良いでしょう。

しかし、私たちが本当に目指さなければならないことは、自分の中に平和を見つけて、愛と平和、人々の目覚めに貢献することです。あなたが幸せになれば、あなたは良いバイブレーションを放ち、多くの人々を助けることができるでしょう。

そのまま、自分に意識を向けて進んでください。自分の生まれてきた理由は心の平和を見つけることだと、僕は思っています。特別な人になる必要はありません。平凡な人生が一番賢い生き方かもしれません。神さまから愛される最高の生き方は本当の自分を生きることです。

ついでにひとこと

私は自分の心が平和になった時、人生の全てがOKになりました。だから心を平和にすれば良いだけ、それが全てだと思います。

ただ、心が平和になるには、自分の中の怒りや恐れや不安、自己憐憫、被害者意識など、私が持っていた平和を妨げていた感情や思い込みを、全てではなくとも、かなり捨てる必要がありました。

だから、自分自身を見ること、知ることが必要なのです。

11

恐れない、今を大切に生きる

未来のことは「心配しない」。
今を大切に生きましょう。
あなたは死ぬのが怖いですか？
人は誰でも死にます。
しかし、実は死と言われているのは
肉体が滅ぶだけで、
本当のあなたは死ぬことはありません。

私たちが生きている人生の中には本当に沢山の恐れがあると思います。病気にもなりますし、人は80歳にもなれば、老いていきます。誠に恐れのない人生はない、ということでしょう。しかし、未来を心配していても始まりません。心配ばかりしていると、沢山のエネルギーを消耗してしまいます。

未来のことは「心配しない」、今を大切に生きる、というのがスピリチュアルな生き方なのです。未来は神さまの手にゆだねるのです。

あなたは死ぬのが怖いですか？　人は誰でも死にます。しかし、実は死と言われているのは肉体が滅ぶだけで、本当のあなたは死ぬことはありません。

死がやってきたら、死をありがたいものとして受け入れるのが一番良いのです。人には寿命があります。それが宇宙の法則です。

そして、本当のところは死ぬ時期も決めて、この地球にやってきたのです。死後の世界もあります。本当の自分は死なない、永遠の存在です。恐れの中に生きるのは止めましょう。今、自分に起こっていない未来を怖れたり、心配するのは止めましょう。

死んでも、大丈夫。それで終わりではないからです。ハートでそのことがわかれば良いのです。ハートで学ぶスピリチュアルな智慧はとても役立つのではないでしょうか？

ついでにひとこと

あなたは心配症ですか？

それとも心配しない方ですか？

心配とは、未来に悪いことが起きるのではないかと不安になることです。今起こっていることにちゃんと意識を向けている時、私たちは少し先のことも考えていません。

今、今、今に意識をしっかり合わせていれば、心配のつけいる隙はありません。ところが私たちは、先のことをしっかり考えなさい、最悪のことが起こっても良いように用心しなさい、とずっと教え込まれているので、今の瞬間に意識を向けるよりも、先のことについて余計なことまで考えてしまう癖があるのです。

計画をしたら、それ以上は心配しないこと。必ず全ては導かれていくと信頼することです。

12

あなたは何も知らない

愛は見えますか？
神さまは見えますか？
波動は見えますか？
電波は見えますか？
魂は見えますか？
輪廻転生は証明できますか？
あなたが見えない世界の方がずっと大きいのです。

この宇宙はなぜ存在しているのでしょうか？　それは誰にもわかりません。いつから存在していたのでしょうか？　それも本当のところはわかりません。宇宙の始まりはビッグバンだと言われていますが、その前には本当に何もなかったのでしょうか？

何もなかったと言われてもよくわかりません。無から有が生まれたのでしょうか？　ビッグバンで宇宙が生まれたと言っても私たちの理解を超えていることです。私たちが知っていることはごくわずかです。本当のことを知っている人はいないのです。「私たちは何も知らない」、それが真実です。

ＮＨＫの番組を見ていると、科学的な証明がいかにも大切で、金科玉条のように信奉されていることに、思わず笑ってしまうことがあります。世の中には証明ができないものが無限にあるのです。もちろん昔から悪魔の存在とか、幽霊の存在とか、いろいろな迷信がはびこってきたことは確かです。だから迷信を一つずつ科学的な証明で追い払ってきたことは事実です。しかし、証明できないことは存在しないとは言えません。

愛は見えますか？

神さまは見えますか？

波動は見えますか？

電波は見えますか？

魂は見えますか？

輪廻転生は証明できますか？

見えない世界の方がずっと大きいのです。証明されないことも無限にあります。

そして私たちが知っている世界は、きっとほんの数パーセントに過ぎないのではないでしょうか。

スピリチュアルな世界は無限の広がりがあります。自分を知り、神さまを信じる世界なのですから。不思議なことに、神さまを信じる人には、実際に神さまの存在が信じられることが起こってきます。愛を信じる人は愛の中に生きることができます。自分は愛の存在だと思えば、人生に良いことが次々に起こってきます。

ついでにひとこと

私がスピリチュアルな事柄に興味を持ち始めた時、見えない世界とは、物質ではないもの、心の世界、科学では説明できない様々な事柄や存在のことだと思っていました。

その後30年たって、今や最先端の物理学者は、素粒子論などで心の世界や見えない世界について、かなり説明できるようになったようです。

だからといって、素粒子が私たちに見えるわけではないし、彼らが説明することを体験することも難しい。でも、科学者が理論的に説明してくれると、自分にはわからなくてもそれが真実のように思えてきます。神さまと言ってもそんなものはあり得ない、と言うのに、ビッグバンの前は無だった、と物理学者が言うと、ああなるほど、と思ったりするのって、面白いと思います。

いよいよ科学者と神学者が同じところに到達しようとしているようです。

13

自分がいつ死ぬか、自分で決めている

死は肉体が滅ぶだけで、魂は永遠に続く。
死後の世界も楽しみにしたいものです。
意識的に死という扉を越えて、
天国にいる友人たちや、
指導してくださった守護霊や
多くの霊人たちに会いたい。

僕の父は79歳で亡くなりました。

せめてもう少し長生きしてくれれば良かったのにと思います。父とスピリチュアルな話をじっくりしたかったです。

生まれてきた理由についてとか、魂についてとか、輪廻転生についていろいろ意見交換ができていたら、楽しかったでしょうね。残念ながら、僕はまだ、そんなことを父と話し合えるほど、いろいろな体験をしていなかったのです。

母は100歳まで生きてくれたのですが、母ともあまり深い話はしていません。母はそんな話はあまり好まなかったことでしょう。

僕も次第に父が亡くなった年齢に近くなってきました。しかし人生100年時代と言われている今だから、何となく100歳までは元気でいたいと思っています。

人間は集合意識に影響されるところが大きいのだそうです。みんなが人生は100歳までは生きると思うようになれば、平均寿命が100歳を超える時代もやってくるでしょう。その上、死後の世界もある、とわかっていれば、死ぬことはそれほど恐ろしいことではなくなってきます。80歳を超えたら、死ぬことも視野に入れて、死の準備をしておいた方が良いかもしれません。周りに迷惑をかけないためです。

死は肉体が滅ぶだけで、魂は永遠に続くことでしょう。

死後の世界も楽しみにしたいものです。

意識的に死という扉を越えて、天国にいる友人たちや、指導してくださった守護霊や多くの霊人たちに会いたいと思っています。スピリチュアルな考え方の人は年を取ってもなかなか老けないと言われています。そんな人があなたの周りにいるでしょうか？　よく観察してみてください。

ついでにひとこと

多分、私たちはいつ向こう側の世界と言うか、元々私たちがいた世界に戻るのか、つまり「いつ死ぬか」、生まれた時から決めているのでしょう。

ただ、私たちは自分が決めてきたことを、この世界に生まれたとたんに忘れてしまうので、死ぬ時期も、その時に戻っていく場所も忘れているのです。

自分で決めたのだから、その時期にはきっと大きな意味や理由があるのでしょう。

私の友人は白血病でした。素晴らしい人で多くの人に愛をいっぱいあげていたのですが、まだ30歳で亡くなりました。彼は今の身体では、自分が望むように人に尽くせないので、早く丈夫な身体で生まれ変わるために、こんなに若く亡くなることにしたそうです。

100歳まで生きるのも、30歳で亡くなるのも、宇宙の時間では大した違いはありません。

いずれにしても、それぞれに自分の決めた人生をまっとうしたのです。

14

歌うと元気になる

歌を歌うことは楽しいし、
健康にもとても良いです。
年齢には関係なく、
人間の可能性は大きく広がっています。
年を取るといろいろできなくなるものだと
いう思い込みさえなくせば、
人生、最後まで楽しく過ごせるそうです。

歌を歌うことは楽しいし、健康にもとても良いことです。最近はカラオケを楽しんでいる人たちも多いようです。

僕は歌がそんなに得意ではなかったものの、人生の後半70代になって『あわの歌』に出会って歌い始めたことはとても幸運だったと思います。『ホツマツタヱ』の中にある『あわの歌』が見つかったのはつい最近のことです。『あわの歌』は最近、広く歌われるようになった新しい古代の歌なのです。

『あわの歌』の歌詞はイザナギとイザナミが半分ずつ作ったのだそうです。日本語の言葉の中にある5・7のリズムになっています。

あかはなま　いきひにみうく
ふぬむえけ　へねめおこほの
もとろそよ　をてれせゑつる
すゆんちり　しゐたらさやわ

48文字からなっていて、自分で自由に曲をつけて歌っていいのだそうです。自由なところが素晴らしいと思います。誰もが自分流の節をつけて歌えるのは楽しいことです。

『あわの歌』を歌うと、元気になる、全てが整い、古代の神さまと繋がることができます。そう思えば、そうなるのです。

今の時代に現れてきたというのも、何か意味があるのではないかと思います。もし、『あわの歌』があなたの人生に現れたら、その流れに乗って、『あわの歌』を覚えて、声を出して歌ってみてください。人生が変わります。『アワ歌で元気になる』という本も出ていますので、参考にしてみてください。僕も覚えて、歌って、人生がずいぶん楽しくなりました。

何か歌いなさい、と言われる場面でも迷うことなく、『あわの歌』が歌えて、とても嬉しいです。

ついでにひとこと

『あわの歌』ついて、初めて知ったのは3年前でした。

その時はほとんど興味はなく、調べもしませんでしたが、その1年後にやっと『あわの歌』の歌詞に出会いました。それを5回繰り返して唱えたら、翌日元気になってびっくり。これは何だろうというのが始まりでした。そして6ヶ月後にはあっという間に夫が歌手デビューしました。そしてその半年後には私もデビューして、今や講演会ではいつも『あわの歌』を歌っています。

私は以前、ソプラノのきれいな声で歌っていたのですが、ウエイトトレーニングをしていて首を痛め、それ以来、ほとんど歌えなくなっていました。ところが、『あわの歌』を歌っている内に、だんだん声が出るようになってきています。

その上、最近はディジュリドゥを始めたところ、こちらも喉のリハビリに良いと言われていて、歌うのが楽しくなりました。

年齢に関係なく、人間の可能性は大きく広がっていると思いました。年を取るといろいろできなくなるものだという思い込みさえなくせば、人生、最後まで楽しく過ごせるそうです。

15

踊るともやもやが吹き飛んでいく

ダンスをしていると、心が解放されます。
そして自由に生きられるようになります。
頭を空っぽにして
身体を自由に動かしていると、
もやもやした思いが吹き飛んでいきます。

もう20年以上、スピリットダンスを踊っています。これは自由ダンスですから、振り付けもなく、リズムにのって、自由に踊れば良いのです。

元々はカリフォルニアのエサレンに行ったことから始まりました。ある朝、エサレンの早朝のプログラムで踊っていたら、音楽と一つになった感じがしました。身体が軽くなって、ひとりでに踊れるような感じがしました。

あれっ、これは何だろうと思いました。その後、エサレンでダンスのクラスに参加し、その時に出会った先生の勧めで、ダンス学校の授業に通うことになったのです。

1ヶ月のコースで、場所はカリフォルニア州にある一種のニューエイジの教会みたいなところでした。そして、毎日、毎日、自由ダンスに明け暮れました。最初は身体が疲れて、階段をあがるのも大変になったのですが、先生はそれなら、痛みを癒すためにもっと踊りなさい、と言うのです。確かに、踊っている内に身体の痛みは消えていきました。

自由ダンスをしていると、心が解放されます。そして自由に生きられるようになります。

私たちの開催しているダンスの会で、踊っている内に本当に自分がやりたいことが見つかって、人生が変わったなどという人も出てきました。

私たちは今でも月に3回は近くの公共施設でダンスの会を開いています。1時間踊って、30分自己紹介の時間があって、後半また1時間踊ります。

2時間とはハードですが、そのくらいは踊れるものです。ダンスの曲は毎回新しい曲を取り入れて、リズムが違うダンスを踊ります。

あなたの人生にも、ぜひダンスを取り入れてください。あなたに合ったダンスが見つかるでしょう。ダンスを踊っている人は、いつまでもしなやかで、健康的です。ダンスは私たち夫婦の最も素晴らしい活動ではないかと思っています。

ついでに
ひとこと

15年前、夫婦2人でピースボートに乗り、世界一周をしました。その時、私たちはほとんど毎日、1時間のスピリットダンスの会を開いていました。乗船してすぐに始めたところ、まだ他のダンスクラスが始まっていなかったので、若い人からお年寄りまで、大勢の人が来てくれました。そのうち、他のクラスが始まると、あっという間に若者たちは来なくなり、あとには60歳以上のお年寄りばかり残りました。

自由に踊るダンスで、それぞれの体調やスタミナに合わせて勝手に身体を動かしていれば良いので、実は高齢者に向いているのです。

時々都合で休むと、常連のお年寄りから文句が出ていました。

今もスピリットダンスの会には、70代、80代の人たちが来てくれます。みなさん、どんどん若返っています。

そういう私たちももう、四捨五入すると80歳になる年齢です。若い人たちも大歓迎、頭を空っぽにして身体を自由に動かしていると、もやもやした思いが吹き飛んでいきます。

ダンスを踊って心と身体をすっきりさせましょう！　一度、踊りに来てね。

16

笑って健康になる

楽しい人と付き合うようにしましょう。
明るい人と付き合うようにしましょう。
いつもネガティブなことばかりを言い、
被害者を演じたり、
悲劇の主人公を演じたりして、
怒ってばかりいる人とは距離をおいて
付き合う方が良いと思います。
あなたは、人生を楽しんで良いのです。
友達も選んで良いのです。

笑いが健康に良いということを聞いたことがあると思います。英国人はユーモアを大切にしています。ユーモアも笑いの一種なんでしょう。

笑いは健康にとても良いということで、インドでは笑いヨガが生まれました。ヨガとはかなり違いますが、インド人が始めていますから笑いヨガになったのでしょう。

幸い友人が笑いヨガのマスターになったので、教えてもらったことがあります。大きな声を恥ずかしがらずに出せる良い場が提供されています。

笑いヨガにまだ出会ったことがない人は、一度試してみるのも良いでしょう。大きな声で笑うのですが、それが作り笑いであっても健康に良いそうです。笑っている内に心から笑って、楽しんだ方が勝ちという気持ちになったら、しめたものです。自由に笑ってみましょう。

病気でもう助からないと宣告された人が、面白いビデオを沢山借りてきて大声で笑っていたら、健康が回復してしまった、という話も読んだことがあります。あなたは十分に笑っていますか？

楽しい人と付き合うようにしましょう。

明るい人と付き合うようにしましょう。いつもネガティブなことばかりを言い、被害者を演じたり、悲劇の主人公を演じたりして、怒ってばかりいる人とは、距離をおいて付き合う方が良いと思います。

人生は楽しんで良いのです。友達も選んで良いのです。自分を楽しませてくれるものは何でしょうか？　楽しめることをしましょう。

よく笑う人は声も大きいと思いませんか？　日頃、声が大きく生き生きとしている人は人生に福を呼び込むことでしょう。もちろん静かな人は静かな人の良さがあります。楽しいことがあったら、静かに人知れず微笑むことも、素晴らしいと思います。笑いの少ない人は、ぜひ、笑いヨガに行ってみてください。きっと生き生きと人生を楽しんでもいいのだと、わかってくることでしょう。

ついでにひとこと

私は時々、みなさんの前でお話ししています。講演会ですよね。もう10年以上前でしょうか、大阪で講演をしたことがありました。

かなり広い会場に大勢の人が集まっていました。

話し始めると、私が下手な冗談を言ったり、おかしな話をしたりすると、大きな声で笑う人がいることに気づきました。男性で、それはそれは大きな声でゲラゲラ笑ってくれるのです。どうしてこんなところで笑うのかしら、という時もありましたが。笑うのはもっぱらその方だけで、他の人たちはほとんど笑わなかったと思います。

気がつくと、私はその方の笑いを頼りにして、と言うか、その方が笑ってくれることに力をもらって話を進めていました。彼の笑い声がとても私を勇気づけ、緊張を緩め、気分良くしてくれたのです。

講演会のあとでその方の名刺をいただきました。お医者様で、よく覚えていないのですが、『笑い学会』と書いてありました。どんな病気の人でも、楽しく笑うとどんどん症状が良くなり、すっかり元気になる人もいるそうです。だから、『笑い学会』を創って、笑いを医療の一部に取り入れていらっしゃるのでした。笑いには副作用がなく、誰にでもでき、しかもただです。だから、もっともっと笑えば良いのよね。でも、この世はお金が全て、という人がまだまだ沢山いて、笑って病気が治ります、なんて言っても、信じない人が多いし、密かに「それじゃお金が儲からないよ」と言う人もいるのでしょう。そんなことは気にせずに、どんどん笑いましょう。健康なあなたはもっと元気になります。

病気のあなたは病気の症状が楽になるかもしれません。笑顔が世界中に溢れれば、お互いに対立し合っている馬鹿馬鹿しさに、みんな自然と気づいていくかもしれません。笑いは平和のための一番の武器、笑顔は人々を癒す最強のヒーリングなのです。

17

「心配しなくていいんだよ」

他人の気持ちを変えることはできません。
変えられるのは自分だけです。
自分の中の恐れや心配に
気づくだけでも良いことです。

僕はとても心配症です。僕についている精霊は僕に「心配するな」とよく言います。確かに心配ばかりしていると、本来前に向かって進む力がそこなわれてしまうのです。心配症の人は今に生きていません。きっと未来に生きているのでしょう。聖書には「明日を思いわずらうな。空の鳥を見よ。鳥が明日の心配をしているか？」というようなフレーズがあったと思います。神さまを十分に信じていないから、いつも心配ばかりしてしまうのです。

心配していると、心配することを実際に引き寄せてしまうかもしれません。でも、それではますます心配してしまうことになります。ただ、心配することが引き寄せられる確率は小さいということですから安心してください。

人間はほとんどの人が心配症であり、恐怖に基づいて生きているのだと思います。だから、武器商人がはびこってしまうのでしょう。僕はアメリカが最悪の武器商人国家だと思っています。日本はその一番のお得意先なのでしょう。

今の日本では、北朝鮮からミサイルを撃ち込まれはしないか、中国が強くなって日本が飲み込まれてしまわないかと、とても多くの人々がいつも恐れています。

アメリカ政府はそれをチャンスととらえて日本に防衛の武器を沢山買わせて大儲け

をしているのです。

他人の気持ちを変えることはできません。変えられるのは自分だけです。自分の中の恐れや心配に気づくだけでも良いことです。「心配しなくてもいいんだよ、大切なことは、今を大切に平和に生きること」と、優しく自分に言ってあげることです。本当に心配しなければいけないことだけ、心配しましょう。自分の中に「信頼」という種を蒔いて、それを大事に育てると、だんだん心配が少なくなっていくことに気がつくでしょう。

スピリチュアルに成長するということは、心がおびえない確信を持った信頼できる自分を育てることです。

心配していることに気づき、気づいたら、自分を許していくことで、次第に心配が少なくなり、私たちは神さまからいつも守られていることをハートのレベルで信じられるようになります。

ついでに
ひとこと

心配しないようになるには、まずは自分が心配していることに気づくことです。それも心配している丁度その時に。

あれ、自分はまた心配しているじゃない！　と気づくだけで、心配癖が少しずつ減っていきます。

そこで反省する必要も、心配した自分を責める必要もありません。ただ気づけば良いのです。

何回も気づいている内に、だんだん心配しなくなっていきます。不思議ですよね。

もう一つは、常に今に生きましょう。心配はまだ起きてないことを心配することです。その時、私たちは今に意識を向けていません。今を味わっていません。赤ちゃんを育てている時、目の前にこんなに可愛い赤ちゃんがいるのに、この子はあの小学校に入れるだろうか、なんて心配しているのと同じです。

今、ここにいる赤ちゃんの可愛さを思い切り味わう方がずっと大事でしょう。私たちには今しかないのです。心配することの一番の問題は実はそこなのです。だから、先のことを心配しなくなると、人生、本当に楽になり、充実してきます。

そして、全ては良きように用意されているということがわかるのです。

18

人を信頼すること

自分を信頼していれば、
一番良い方向に導かれて行きます。
自分の中にある神さまの意思に従って
行動しましょう。
自分の直感を大切にしましょう。
他人の意見ではなく、自分を信頼し、
自分を信じることが大切です。

「心配するな」と「信頼せよ」は表裏一体と言ってもいいでしょう。まず信頼しなければならないのは自分の人生です。本当のところはあなたは自ら選択してこの3次元の世界に生まれてきた、ということです。

自分に一番ふさわしい場所に生まれてきたのです。今回は日本が一番面白そうだ、そして、魂の成長に一番だと思って、日本に生まれてきたのでしょう。良い国を選んで生まれてきたと思いませんか。生まれる時かなり倍率が厳しいのだそうです。だから、生まれてきただけでもとても幸運なのです。両親も選んで生まれてくると言われています。

初めてそんなことを聞いた時にはとても信じられなかったです。でもスピリチュアルな世界のことを知ってからは、納得できました。両親には感謝しています。僕をこの世界に誕生させてくれたことを。

自分の人生のシナリオは自分で書いているのです。だから自分の人生のシナリオはいつでも修正ができるのです。人生は自分の選択でどのように生きることもできるのです。よくよく自分の人生のシナリオを見てみると、それは完璧にできていました。

自分が何ものであるかを発見するために完璧にできています。だから、自分の人生を信頼しましょう。

信頼していれば、一番良い方向に導かれていきます。

自分の中にある神さまの意思に従って行動しましょう。自分の直感を大切にしましょう。他人の意見ではなく、自分を信頼し、自分を信じることが大切です。

自分で書いてきたシナリオです。自分で自分をおとしめるようなシナリオを書いてくるでしょうか？

自分を信じ、信頼していれば、素晴らしい場所に行きつきます。

ついでに
ひとこと

人生の極意は、宇宙を信頼すること。

宇宙は自分でもあるので、自分を信頼することと同じです。神さまを信頼し、宇宙を信頼し、自分を信頼し、他人を信頼する。全ては宇宙の一部であり、神さまの一部なのですから。

特に、お母さんやお父さんは、子供たちを信頼しましょうね！　親から信頼してもらっている子供は、まっすぐに育ちます。

19

人生は楽しんでいいんだ

あなたが死ぬ時、
ああ、良い人生だったと
満足がいけばいいのだと思います。
人生の目的は幸せになることだと
単純に決めてもいい。

人生を楽しむことに関して、日本人はあまりうまくないかもしれません。人生は楽しんでいいのだ、とわかるまで、真面目に生きすぎてしまっている人もいます。

職場で過労死するなんて、それはあまりにも残念すぎると思いませんか？　あまり楽しんでいない人は、今日から楽しもう、と決心しましょう。

力を抜いてリラックスし、歌って、踊って、楽しんで生きてみることにしましょう。その方が良い人生を送れるし、もし、人生に成果があるのなら、大きな成果を上げられると思います。

でも、人生の目的は大きなことをなしとげることでもなく、権力を得ることでもなく、人に称賛されることでもない、お金持ちになることでもなく、子孫を沢山増やすことでもありません。あなたが死ぬ時、ああ、良い人生だったと満足がいけばいいのだと思います。人生の目的は幸せになることだと単純に決めてもいいと思います。

あなたが幸せであることによって、世界の平和に貢献できるのです。あなたの周りの人を幸せにしているのです。

あなたが幸せであれば、自然とあなたの周りに幸せな人が集まってきて、お互いに助け合って、素晴らしい環境を創っていくことでしょう。人生を楽しむことを躊躇しないでください。

あなたの本当にしたいことをしてください。無理に頑張ったり、自分を犠牲にしたりするものは禁物だということを覚えておきましょう。国家権力に洗脳されませんように。

国を守るための兵隊にならないようにしてください。

ついでにひとこと

どんな生き方をしていようと、究極的にはあなたは人生を楽しんでいるのです。私はずっと自分が嫌いで、他人の評価で生きていて、強いおびえを持っていました。

いつも不安でびくびくしていましたが、そんな人生をその時は楽しんでいたような気がします。今はかなり悟ってしまって、それはそれでとても楽しくて幸せですが、悟る前は前で疾風怒濤の人生で楽しかったもの。

友達にも、「こうすればあなたはもっと幸せになれるよ、人生を楽しめるよ」と教えてあげても、ちっとも私の言うことを聞かない人がいます。その人は「私はこんなに苦労している、つらい」なんて言うけれど、よく見ていると、それを楽しんでいます。

人生が苦しみや悲しみでいっぱいだからこそ、彼女は楽しいのです。へんてこりんですが、実はみんな自分がやりたい人生を計画し、選んでここに生まれています。だから、やりたい人生を送ってみんな楽しんでいるの。やりたくてやっているの。

そう思うと、自分も人も愛しくなってきませんか。

第3章

本当のあなたは誰か知っていますか

20

健康も病気も大切なこと

健康には食べ物、運動、自分を大切にする心が大切なことを知ってください。

人生を楽しむことも健康のために大切なことです。

踊ったり、歌ったり、ヨガをやったり、呼吸法を学んだり、柔軟体操を学んだり、良い習慣を身につけるようにしてください。

働きすぎたり、頑張りすぎたりしないようにしましょう。人から褒められようとしないでください。自分を一番幸せにすることを第一にしましょう。

そのためには健康であることが大切だと思います。自分の身体をいたわっていますか？

疲れたら休めますか？

健康を保つためには、まず、自分をよく知らなければなりません。自分が健康的に生きているかどうか、自分の環境が健康的かどうかをよく見なければなりません。自分の人生は自分で決めている、と知らなければなりません。自分の人生は自分が決めている、ということがわかりさえすれば、自分の健康も守れるはずです。自分の身体の弱いところも知ってください。

健康には食べ物、運動、自分を大切にする心が大切なことを知ってください。人生を楽しむことも健康のために大切なことです。踊ったり、歌ったり、ヨガをやったり、呼吸法を学んだり、柔軟体操を学んだり、良い習慣を身につけるようにしてください。食べ物もできれば自然で健康的なものを楽しんでください。

僕は朝はラジオ体操をして、そのあとウォーキング、月1回はヨガをし、月3回はスピリットダンスをしています。しかし、一番身体のためになっているのは、毎日欠かさない自己流の体操ではないかと思っています。健康のためのカレンダーを作り、体操を毎日しているかどうか、マル印をつけて、自分の健康管理をするようにしています。

ついでにひとこと

健康はとても大切ですが、実は病気もとても大切です。病気はいろいろな役割を持っているからです。たとえば、疲れすぎると病気になります。休め、というサインです。不摂生すると病気になります。もっと健康に注意しなさい、というサインです。命に関わるような病気は、その人の生き方や考え方、ものの見方、そして何よりも大いなる源との関係を変えてしまいます。

悟りへと近づけるのです。そして、健康のありがたさが、病気になって初めてわかることもあります。

夫はひどい喘息で3年間、苦しみました。完治するまでは10年もかかりましたが、それによって健康の大切さを心の底から知りました。そして、今のように元気で健康な身体になったのです。病気になったら、病気を嫌わずに、病気が何を教えようとしているか、じっと耳を傾けましょう。

21

人生の主役は
あなた

あなたがあなたの人生の創造主であり、
あなたが神さまと一つであるということが
わかれば、あなたは自分が無限の可能性を
持っていることがわかります。

世界はあなたの舞台です。世界はあなたのためにあります。全てはあなたのために存在していると知っていますか？

太陽や月は、あなたのために存在しているのです。あなたの宇宙の中心はあなた自身です。

あなたの宇宙ではあなたが主役です。あなた以外の他のものは、みんなあなたを助ける脇役として存在しているのです。あなたが人生を卒業する時、あなたの宇宙、この3次元の世界も消えるのです。あなたはあなたの劇場の主役、神さまがいつもあなたを見守っています。実はスピリチュアルな人は神さまが全てを支配していると知っているのですが、あなたが神さまと一つということも知っているのです。

あなたがあなたの人生の創造主であり、あなたが神さまと一つであるということがわかれば、あなたは自分が無限の可能性を持っていることがわかるでしょう。あなたの宇宙を愛と平和で満たしましょう。そのコツは、あなた自身が主役であり、神さまであり、創造主であることを発見し、確信することです。もし、このことがわからなければ、本当の自分自身をもっと探求してください。あなたは一体、何ものですか？

あなたはあなたの人生の全てを決めていることがわかってきます。自分を一番尊敬しましょう。

ついでにひとこと

実は私の世界とあなたの世界とは違います。

私の世界は私が創り出した世界。あなたの世界はあなたが創り出した世界。別の世界なのです。

あなたの世界にあなたは私を招き寄せ、私はあなたを私の世界に招き寄せています。

あなたの世界を創るのはあなただけ。あなたはあなたの世界のプロデューサーであり、監督であり、主役です。プロデューサーとして、あなたの世界を計画し、必要な人や物を集め、配置します。監督として、集まってきた人や物を自分の思うままに動かします。

そして、監督すると共に、自分が主役として出ずっぱりで動き回るのです。人生って、映画そのもの。しかもあなたが何から何まで創り出している映画なのです。そして面白いことに、あなたがその映画の唯一の観客なのです!!

22

神さまと仲良くする

あなたは神さまを信じていますか。
神さまは信じた方がよっぽど得です。
神さまと仲良くした方が、
人生はよっぽどうまく運んでいきます。
信心深くなりましょう。
そして何事にも挑戦しましょう。
自分の好きなことが見つかるでしょう。

人はなぜ生きるのでしょうか？

生まれてきてしまったからですか？

人は生まれたくて仕方がなくて、運よく生まれてこられたのです。生きていることだけで、大変な儲けものです。人生を精一杯、素晴らしいものにしましょう。何事にも興味を持って挑戦することが大切です。

本を書いてみるというのはどうでしょうか？

絵本を書いてみるのはどうでしょうか？

似顔絵を描いてみてはいかがでしょうか？

何でも良いのです。

挑戦してみるのです。

英語を習ってみるのもいいかもしれません。スピリチュアルなことに興味があるのでしたら、スピリチュアルな本を次々に読んでみてください。

その前に、自分の神さまを見つけて、神さまにお願いしてみるのがいいでしょう。

「どうぞ、私を導いてください。ありがとうございます」と手を合わせてみるのがいいでしょう。

そんな馬鹿げたことはできないよ、と自我が抵抗するかもしれません。でも自我が抵抗しているな、と気づいて自我を笑えば良いのです。神さまは信じた方がよっぽど得です。

神さまと仲良くした方が、人生はよっぽどうまく運んでいきます。信心深くなりましょう。そして何事にも挑戦しましょう。

自分の好きなことが見つかるでしょう。

ついでにひとこと

時には全ての挑戦を止めて、ひたすら自分の中に沈潜していく時間があると素敵だろうなと思います。ある人にとって、それこそが、もしかして最も過酷な挑戦かもしれません。

なぜならば、外側のことに挑戦してばかりいると、私たちは自分の心をじっと見つめ、それをとことん味わうことができないからです。

そして時には、自分の心を見つめるのがつらくて、一種の逃避行為として、外側のことに必死で挑戦していることもあります。

そういう時には、行動するのを止めて、じっと自分と向き合うことこそが、その人にとって最大の挑戦になるでしょう。

23

自分が好きなように生きていい

友達は前向きで、明るい人を選んでください。
一緒にいると、エネルギーが吸い取られてしまうような人からは離れてください。
笑いの多い人が良いでしょう。
明るい人が良いでしょう。
心の優しい人が良いでしょう。
大切なことはあなたが明るくなることです。

自分が好きなことをしてください。何だって良いのです。あなたの直感に従って進んでください。あなたのハートをオープンにしてハートの導きに従いましょう。あなたの魂の導きに従いましょう。直感、ハート、魂、どれに従っても良いのです。

そして人生を楽しく生きましょう。

友達を沢山作りましょう。

友達がいないという問題があったとしたら、たとえば、僕が主催しているスピリットダンスに参加してみてはいかがでしょうか？　そこにはあなたの友達になれるような人がいっぱいいます。ヨガを習っても良いでしょう。

自分がすてきだなと思う人々が集まっているところに行ってみれば、友達だって見つかるものです。

信心深くなりましょう。そうすると、神さまはあなたが必要な人に必ず会わせてくれるものです。

友達は前向きで、明るい人を選んでください。一緒にいると、エネルギーが吸い取られてしまうような人からは離れてください。笑いの多い人が良いでしょう。明るい人が良いでしょう。心の優しい人が良いでしょう。

大切なことはあなたが明るくなることです。あなたが自分のことを好きになることです。そうすると、良いことがどんどんやってきます。そして自分は自由に生きてもいいのだと、あなたは気がつくことでしょう。まずは自分を好きになってください。自分を第一に大切にしましょう。

ついでにひとこと

自分の好きなことが何か、わからない人がいます。自由に生きるってどういうことか、わからない人がいます。社会にはルールがあり、会社にはルールがあり、家族にはルールがあるから、自分の好きなようには生きられない、と言う人もいます。みんな、思い込みの世界、教え込まれた世界で必死に生きているのです。

そして、今はそこから少しずつでも抜け出して、今までとは違う生き方をする時です。

狭い世界を抜け出し、自由に生き始めるためには、他の人が行うことを批判しないことから始めましょう。他の人が自由に生きるのを認めるのです。すると、自分にも自由に生きるのを許せるようになります。

人の目を気にして、自分がやりたいことを我慢することも減ってきます。すると次第に、自分自身に戻ってきます。

自分の世界は自分で創っているということがわかってきます。自分の世界は自分が創るのですから、どんなことも自分の好きなように自由にできるのです。

24

先のことは心配しない

今に集中するのです。

本を読む時は、本に集中しないと、本が読めません。

食事をする時は、食事に集中してよく味わいましょう。

食べ物をよくかんで、よく味わい、楽しみましょう。

花を見たら花の美しさを楽しみましょう。

今に生きる、ということが最近流行っています。これはもうずっと昔の賢人たちが教えてくれていたことです。

明日のことを心配しないようにしましょう。明日のことは明日が面倒を見てくれるものなのです。僕は心配症だったので、今に生きることがとても難しかったのです。精霊から「心配するな」と何度も言われました。

自分が先のことを心配している時は、そのことに気がつけば良いのです。「あれ、また心配しているよ」と自分に優しくなりましょう。「大丈夫だよ」と自分に言ってあげれば良いのです。そして今ここに生きよう、と思って意識を今に持っていきます。そして今を十分に意識して、味わいます。今に集中するのです。

本を読む時は、本に集中しないと、本が読めません。食事をする時は、食事に集中してよく味わいましょう。食べ物をよくかんで、よく味わい、楽しみましょう。花を見たら花の美しさを楽しみましょう。耳を澄ませて宇宙の音を聞いてみましょう。もし、とても騒がしいところにいたとしても、騒音の向こう側に静寂があることに気づきましょう。

マインドフルネスは自分の呼吸に意識を持っていく、今ここ瞑想です。何にでも挑戦してみようという方はヴィパッサナー瞑想に参加してみましょう。

日本でも京都と千葉でできます。10日間のコースを体験してみれば、何かをつかめるのではないかと思います。すごい体験ができますよ。一日中、ほとんど瞑想ですから。

ついでにひとこと

レナード・ジェイコブソンというスピリチュアルティーチャーがいます。彼はプレゼンス、ということを教えています。つまり、今ここにいること、今という一瞬に意識を集中させることを教えています。

そのためには、あなたの周囲にある何か、美しい花があればその花と、窓が気になればその窓と、ともかく何かと一緒にいなさい、と教えています。これは面白い方法です。

やってみるとなかなか面白いです。そして、何回もやっていると、どんどん上手になって、その花と一緒にいる、今という瞬間にいることができるようになります。

それを練習していると、いつでも今ここにすぐに戻れるようになり、それも深いレベルで今ここにいられるようになるのです。

瞑想でも同じことが起こると思いますが、プレゼンスのやり方が合っている人もいるでしょう。

要するに、頭がいつもぐるぐると働いている時、私たちは今ここにいません。思考に占領されて、深いくつろぎや安心感がなく、大いなる存在との繋がりを失っています。

一方、今ここにいる時は、思考が止まり、深い平和と安心感が生まれ、そして宇宙と繋がっています。大いなるもの、本来の自分自身と繋がった状態になるのです。そしてそれこそが、今、私たちが目指している状態なのです。

25

魔法の歌『あわの歌』を歌う

『あわの歌』をぜひ覚えてください。
そして、声に出して歌ってみましょう。
節は自分で自由に創って
かまわないそうです。
この歌を歌うと元気になり、
身体と精神が整うのです。

最近出会った面白いもの、有益なものと言えば、『あわの歌』です。『あわの歌』は、歌うことの項目の中ですでに触れましたが、とても不思議な出会いがありました。この歌は『ホツマツタヱ』という古い文献が発見されて、その中にある歌だったのです。詞はイザナギとイザナミです。この2人の名前は日本という国を創った神さまだということくらいしか知りませんでした。この両名はヒルコ姫、アマテラス、そしてスサノオのご両親だったそうです。『ホツマツタヱ』は『古事記』や『日本書紀』よりも古い文献です。イザナギとイザナミが当時、日本語がかなり乱れていたので、日本語を整えるために48文字の音を並べられたのです。

語順を変えるとそこに私たちにおなじみのアイウエオ、カキクケコ、サシスセソの50音の配列が出てくることは驚きです。縄文時代というそんなにも昔の日本に素晴らしい偉人がいたものです。

日本語の基本の母音はアイウエオの5つですが、日本の50音はとても明快で美しいと思います。『あわの歌』をぜひ覚えてください。そして、声に出して歌ってみましょう。節は自分で自由に創ってかまわないそうです。

今は素晴らしい時代です、YouTubeで『あわの歌』を検索してみれば、様々な情報が見つかります。歌の意味は「あ」が天を「わ」が地を表していて、一つひとつの音が神さまの言霊だということぐらいしか知りませんが、僕は坂井洋一さん作曲のものを歌わせてもらっています。

そしてこの歌を歌うと元気になり、身体と精神が整うのです。これは一種の魔法の歌だと思います。

ついでに
ひとこと

ではもう一度、歌います。

あわの歌

あかはなま　いきひにみうく
ふぬむえけ　へねめおこほの
もとろそよ　をてれせゑつる
すゆんちり　しゐたらさやわ

26

宗教はなぜあるの

あなたの中に本当の神さまを
探せば良いのです。
これからの時代は自分の中を探求し、
自分が神さまであることを発見する、
ひとり宗教を目指す時代だと、
僕は思っています。
あなた自身の中を探求して、
自分自身が神さまの一部であることに
気づいていけばいいのです。

あなたの宗教は何ですか？　日本人の多くは仏教徒ということになっていると思います。日本にはお寺や神社が本当に沢山あります。その意味では日本は昔から神さまの国だったのかもしれません。万物に神さまが宿っているという考え方は僕にとってはとても受け入れやすいものでした。

では宗教は何のためにあるのでしょうか？

人々が神さまや仏の世界と繋がり、信心深くなり、幸せになるために宗教ができたのではないでしょうか？

ところが世界を見回してみると、残念なことですが、もうそんなことはとうの昔に忘れ去られ、宗教が権力の道具になったり、争いの元になったりしています。

宗教が違うからという理由で、いろいろな差別がまかり通っています。キリスト教圏とイスラム教圏の対立は世界的な悲劇です。そこにユダヤ教がからんできて、物事はさらに複雑な様相を帯びています。

しかも、キリスト教、イスラム教の中でもそれぞれが分派して対立の原因になっています。日本でもいろいろな宗派があって、仏教と言ってもいろいろな宗派があります。多くの宗教が形骸化してしまい、葬式とお墓と政治的な利権のためのものというお粗末な状況になっている場合も多いように思います。

宗教が本来の意味を忘れて俗世界にまみれてしまっているのも事実でしょう。本当にスピリチュアルなことを探求したいのであれば、宗教とは関係なく勉強することができます。あなたの中に本当の神さまを探せば良いのです。

これからの時代は自分の中を探求し、自分が神さまであることを発見する、ひとり宗教を目指す時代だと、僕は思っています。あなた自身の中を探求して、自分自身が神さまの一部であることに気づいていけばいいのです。自分の中の神性を発見した時、日本の仏教やキリスト教の言っていることがより深く理解できるのではないかと思います。

僕はいずれの宗教にも入信していませんが、自己探求の結果、イエスや聖フランシスコなどに興味が向かい、とても信心深くなりました。

自分は教会に属さない隠れキリシタンなのではないかと思っています（笑）。

ついでにひとこと

ジョン・レノンの『イマジン』を知っていますよね。

国もなく、宗教もない世界を想像してごらん。
その世界ではみんなが平和に暮らしているだろう。

もう50年も前にジョンとヨーコが創った歌です。
彼らは宗教が世界を分断していることを知っていたのですね。

この歌が生まれてから50年、もしかして、宗教を超えてみんながお互いに認め合い、許し合い、愛し合う世界が、そろそろやってくるのかもしれません。
人はみな神さまそのものなのだとみんなが気づきさえすれば、宗教は不要になり、祈りの形は違っても、みんながお互いの幸せと平和を求めて祈るようになるでしょう。

27

不安を心から消すには

私たちの本質はダイヤモンドです。
透明で光り輝き、純粋無垢。
ただ美しく存在しているだけ。
それが私たちの本質であり、魂なのです。

エゴとはあなたの中の自我です。

あなたがこれが自分だと思っているものです。つまり、自分のアイデンティティだと頭で思い込んでいるものです。

スピリチュアルの真髄、つまり基本は「自分を知ること」です。あなたは誰なのか、あなたは何ものなのか、あなたはどこからやってきたのか、あなたは何のためにここにいるのか、そして、死後はどこに帰っていくのか、つまり自分自身の探求です。自分をよく見てみると、自分のエゴの存在に気がつきます。

多くの人のエゴは幅をきかせていて、あなた自身になりきっています。そのため、あなたはエゴに騙されていて、本当の自分をまだ見つけていないのかもしれません。本当の自分とエゴは違うものだとわかり始めると、エゴを超越した本当の自分が見つかります。そのためには自己探求の途上で、エゴの壁を越える体験が必要です。

あなたの本当の自分とは、あなたが思っているよりもずっと偉大なものです。とてもシンプルに表現してしまえば、魂こそが本当の自分だととらえても良いでしょう。

本当の自分は宇宙そのものかもしれません。それは空、それは無、それは純粋意識、ハイヤーセルフ、あるいは、神さまそのものなのです。本当のあなたを見つけた時、あなたの意識は大きく広がり、不安が消え、あなたの中に安心が見つかるでしょう。

あなたは覚醒した、つまり目覚めたのです。あなたは神さまと一体となり、そこには平安な世界が広がります。非常に多くの人々が問題を抱えていますが、その問題は自分が創り上げたものだとは気づいていません。そこに気づかないと、スピリチュアルな成長は望めません。

ついでにひとこと

私たちの本質はダイヤモンドです。透明で光り輝き、純粋無垢。ただ美しく存在しているだけ。それが私たちの本質であり、魂なのです。でも、多くの人はその美しいダイヤモンドを、ゴミやホコリや時にはこびりついたヘドロのようなもので汚し、覆い隠しています。あなたの本質であるダイヤモンドは、そのゴミやホコリに埋もれてしまっています。

そしてゴミやホコリこそが、私たちのエゴなのです。思い込みや傷、抑圧された感情もゴミとなって、ダイヤモンドの輝きを消しています。

それらを取り除くこと、つまりエゴを取り除いていくと、ダイヤモンドの周りのゴミやホコリがなくなり、ダイヤモンドが本来の輝きを取り戻していきます。それこそが今、進行中の悟りへの道であり、本来の自分自身への回帰、魂の再生なのです。

もう一つ、いつダイヤモンドが輝き始めるかは、その人の時、というものがあります。

人は必ず魂に戻る、しかしいつ戻っていくかは、その人が決めてきたことであり、私たちはそれを優しく見守ることしかできないのです。

28

自分の宝物を見つける

本当の自分を見つけること、
それが人生の旅の目的です。
私たちは遠くまで旅をして、
宝物を探しに出かけるのですが、
実は宝物は一番近くにあった、
というのが一番素晴らしい物語の形です。
人生はプロセスですから、
旅の途中を楽しみましょう。

本当の自分を見つけること、それが人生の旅の目的です。

私たちは遠くまで旅をして、宝物を探しに出かけるのですが、実は宝物は一番近くにあった、というのが一番素晴らしい物語の形です。チルチル・ミチルの物語も、パウロ・コエーリョの『アルケミスト』も、宝物は元々自分のいた場所にあったという物語です。

もし、あなたも素晴らしい物語か童話を書いてみたいな、と思ったら、物語の結末はもとの自分の場所に戻ってくる、というお話を書いたらいかがでしょうか？

私たちが探している幸せは自分の中に見つかるのです。でも人生はプロセスですから、旅の途中を楽しみましょう。今という瞬間、瞬間を楽しんでいけばそれで良いのだと思います。

本当の自分は何でも知っている神さま、創造主ですから、私たちの人生のシナリオも全部自分が決めてきているのです。

自分の両親を選んできたり、自分の生まれる国を選んできたり、自分の誕生日も決めてくるのです。本当の自分とは何という超能力の持ち主なのでしょうか！　自分の名前までも自分で決めてくるだなんて、普通では考えもおよばないかもしれません。両親や名付け親が名前を選んでつけてくれるのだ、と普通は思っていますよね。

本当の自分が見つかれば、安心感が生まれます。

やりたいことがやれるようになります。心に安心感が生まれます。平和の中に生きられます。見えない世界と繫がり、神さまや宇宙がいつもあなたの成長を導いてくれるようになります。

ついでにひとこと

これまで、本当の自分に出会うまで、人々は多くの苦しみを必要としてきました。ほとんどの人が本当の自分とは何かなど考えもしなかった時、この道は誰も行かない孤独の道でした。一緒に行く人もほとんどいないし、他の人たちはみな、そんな道を行くあなたを変人だと思って、のけ者にしたからです。

それに、それまでの自分の殻やエゴも硬くて、それにひびを入れ、不要なものを捨てるには、大きな勇気が必要でした。

でも今は違います。この道は多くの人がすでに歩いてきた道です。大きく広く、美しく舗装されている道になっています。

今必要なことは、あなたが自分自身に出会うと決心することだけ。そう決心する、またはその時がやってくると、多くの助けが現れ、本も先生もワークショップも何もかもが用意されています。大きな苦しみも、険しい冒険も不必要になりました。

そのような時代になったことを、本当に嬉しく思います。

29

全てに愛を込めてみる

私たちは本来、愛そのものです。
愛以外の何ものでもありません。
愛、魂、ハイヤーセルフ、神さま、
それはみな同じ本源のものです。
そして私たちだけでなく、
全てが愛なのです。

ある有名な物理学者の先生の講演を聞かせていただいたことがありました。その方とは一緒に講演会をさせていただいたこともあります。その先生のお話には、不思議な体験がいっぱいで、ユーモアに富んでいて、とても楽しかったことを覚えています。一番印象に残ったことは、「全てのことを愛を込めて行いなさい」というアドバイスでした。掃除をする時も、布団を敷く時も、料理をする時も、畑で仕事をする時も、意識的に行い、全てに愛を込めるのだそうです。

素晴らしいアドバイスだと思います。僕にとっては無意識的に行動していたことがほとんどですから。一番おかしかったのはトイレに行く時も一歩一歩愛を込めて歩きなさい、と言っていたことです。トイレに行く時も、というその表現はなかなか忘れられません。

おかしくてみんな大笑いでした。そこで思い出しては、歩く時も一歩一歩愛を込めて歩いてみたりします。朝の散歩の時だって、愛を込めて歩き、健康で歩けることに感謝して歩きます。すると何だか嬉しくなります。愛の行動が習慣づけられ、感謝体質にもなります。どんな季節であっても何かの花は咲いていますし、自然は美しいし、お日様が照っていてくれることだって、嬉しく感じます。

全ては愛の中でとり行われている壮大なドラマであり、自分もその一部だと気がつくと、神さまに感謝するしかありません。あなたの愛の大きさ、感謝の深さがどんどん成長していきます。神さまが素晴らしい地球を私たちに与えてくださっていることにも気づくようになります。

そうなれば、原始林を焼き尽くしたり、放射能をばらまいたりすることが、どんなにいけないことか気づきます。私たちが覚醒し、神さまの愛の中にいるのだと気がつけば、個人的な問題はなくなります。そこには感謝しかありません。

ついでにひとこと

私たちは本来、愛そのものです。愛以外の何ものでもありません。愛、魂、ハイヤーセルフ、神さま、それはみな同じ本源のものです。そして私たちだけでなく、全てが愛なのです。私たちはそれを忘れているだけ、ゴミやホコリで自分の本質である愛、または光り輝くダイヤモンドを汚しているだけです。

さあ、それを洗い清める時が来ました。愛に目覚める時が来ました。一瞬一瞬を愛と共にいる練習をしましょう。愛を込めて行動しましょう。

すると、どんなこともとても簡単に良い方向へと動き始めます。介護している人はいつも愛を心の中で唱えながら介護しましょう。愛は全ての行為を軽やかにしてくれるでしょう。

第4章

あなたはもっと好きに生きていい

30

偶然の一致はない

この世に偶然はありません。
出会いも、別れも、事故にあうのも、
原因と結果の法則も、
何もかもが偶然ではないことが、
自分の体験からわかってきます。

スピリチュアルの世界を知り始めてから、「偶然はありません」という言葉を何度聞いたことでしょうか。出会いも、別れも、事故にあうのも、原因と結果の法則も、何もかもが偶然ではないことが、自分の体験からわかってきます。

そして、「偶然の一致」という言葉もよく聞きます。偶然はないのですから、「偶然の一致」はないのです。それは偶然ではありません。私たちはそれを「意味のある偶然の一致」と呼んでいます。いわゆる「共時性」と訳されることもあります。英語では、「シンクロニシティ」です。

シンクロは楽しいですよね。同じ誕生日の方と出会ったり、たとえば、数字の1111や2222に出会うと、神さまが冗談のように、「それでいいのですよ」なんて伝えてくれているような気がします。

もう30年も前のことですが、アメリカにいた時、初めてチャネラーのリア・バイヤースに会って、サン・ジェルマンという精霊に出会いました。そのチャネラーのリア（現在名はアルーナ）と僕の誕生日が同じだったことには、驚いてしまいました。

神さまは面白いいたずらをして、良いことが起こっているんだよ、と伝えてくれているのだ、と思ったものです。たわいのないことなのですが、いわゆるシンクロは楽しいものです。シンクロについては『聖なる予言』（角川文庫）にも頻繁に出てくるので、ぜひ読んでみてください。

ついでにひとこと

最近、自動車のナンバープレートを見る人が多くなっていますね。ナンバーを選べるので、7777、1212、1122といった数字をよく見ます。

こんなこと、スピリチュアルと何の関係もないと思うかもしれませんが、もしかして、シンクロや数霊に私たちが気づくために、宇宙がいたずらしているのかもしれません。それまでシンクロに興味がなかった人でも、7777というナンバープレートを見て大喜びし、そこから数字に興味を持つ。

そしてそれは数秘学に繋がって……なんてことも起こるかもしれません。

つまり、どんなことも、人々が今まで気づかなかった宇宙の神秘に気づくための仕掛けとして、今は使われているのです。

31

「思い込みの殻」を破って、もっと自由に生きていい

自分は洗脳されてここまで生きてきたのだという認識を持って自分をよく見ましょう。そして自分の思い込みの殻があったら、その殻を破って自由に生きてください。

本当の自分はあなたが思い込んでいるよりも、ずっとパワーがあり、偉大です。

無限の可能性を秘めています。

生まれてくる時、私たちは向こう側の世界のことや、前世のことは全部忘れてまっさらになって生まれてきます。

一説によると生まれた時、言葉はまだ話せないものの、赤ちゃんは生まれる前のことをいろいろ知っているそうです。中には子供の頃、神さまと繋がっていて、神さまと交流している子供もいるそうです。

大人になるとそのような能力はなくなってしまうようです。

この世の中には私たちが想像もできないほどの、とても不思議なことが沢山あります。自分がその場にいないと、なかなか信じられないようなこともあります。

私たちは世間の常識や、両親の教え、また周りの体験からいろいろ学んで、自分というものを創り上げていきます。その間に自分にいろいろな制限をつけてしまうのです。良い子にならないと大変な目にあう、社会のルールを守らないといけない、常識はずれだと仲間はずれにされてしまう、そのために、人生をうまく生きられるように、常識に従うように一生懸命に学んで大きくなってきました。そして、自分を社会常識の枠にすっかりはめ込んでしまいます。

それらは一種の洗脳なのですが、自分が洗脳されていることに気づいていません。

自分は洗脳されてここまで生きてきたのだという認識を持って、自分をよく見ましょう。そして自分の思い込みの殻があったら、その殻を破って自由に生きてください。本当の自分はあなたが思い込んでいるよりも、ずっとパワーがあり、偉大です。無限の可能性を秘めています。そして、そのことに気づくチャンスはやってくるはずです。「自由にはばたいて」大いに飛んでみましょう。自分が魂のどこかで、やりたいと思っていることには挑戦してみましょう。気持ちさえあれば、人生は変わります。今そんな時代が来ているのです。あなたが本当にやりたいことを始めると、宇宙が応援をし始める、と言われています。宇宙は素晴らしい援助者です。

ついでにひとこと

私たちは自由に踊るスピリットダンスを教えています。教えていると言っても、「音楽をかけるから、それに合わせて自由に踊ってね」と言うだけです。最初の頃、自由に踊ってね、と言われても、どうして良いかわからない人ばかりでした。自由に踊るって？　自由に動くって？　足をどうすれば良いの？　頭がおかしくなりそう！　どうにかして！

自由に踊ってね、と言われたとたんに、だめ、怖い、とパニックを起こしたのです。たかがダンス、どう動いたって良いのに。

でも、最近はみんなすぐに自由に踊れるようになりました。全体として、自由に対する恐怖心が薄れてきたのでしょうか。

そう、私たちは自由に対する恐怖心を持っています。私たちは教えられること、言われたとおりにすることになれすぎていて、自由に、と言われたとたんに、怖くなっていたのです。

あなたはどうでしょうか？

32

あなたは完璧

あなた自身が神さまなのです。
自分を一番大切にすること、
それが信心深いということです。
不思議なことですが、自分の中に神さまを
発見すると、神さまがあらゆるものを
創造していることがわかります。

信心深いという言葉を聞いて、どんな感じがしますか？

年寄り臭いですか？

人は年を取ると、だんだん信心深くなるものかもしれません。ここで言っているのは、宗教に入りなさいということとは全く別のことです。

宗教に入っているのでしたら、きっと縁があったのでしょう。そこで本当の神さまと出会うことができれば、素晴らしいことです。しかし、宗教の教えを頭のレベルで信じ込んでいたら、それでは十分ではありません。宗教は、洗脳をする恐ろしい組織になっている場合が多いと僕は思っています。自分で考えるという機能を麻痺させて、宗教組織に都合の良いように信じ込ませることが多いからです。

僕がお勧めするのは、自分自身の中にある神性を信じることです。宗教の枠にはまらない、自分の神さまを見つけて、自分を信じてください。自分が神さまなのです。自分を一番大切にすること、それが信心深いということです。不思議なことですが、自分の中に神さまを発見すると、神さまがあらゆるものを創造していることがわかります。神さまが宇宙に偏在していることがわかります。神さまはどこにでもいるのです。

一粒の種の中にも、神さまが存在していることは明らかです。私たちは神さまの分身であり、創造主でもあります。自分が自分の宇宙を創っていることもわかってきます。そして、全ては完璧に創られていることもわかるでしょう。私たちは完璧な存在なのです。もし問題が起こるようでしたら、その問題は自分が創っているのではないかと思うことから始めてください。

ついでにひとこと

私は子供の頃から、家の仏壇と神棚にご挨拶しないと、朝ご飯を食べてはいけないと言われて育ちました。これを宗教と呼ぶかどうか、よくわかりません。私は、ご先祖様に「いつもありがとうございます。今日も元気で過ごします」という気持ちでご挨拶していました。ご先祖様とは言っても、それはずっとずっと神さまやもっと大きなものに繋がっていると、どこかで思っていたかもしれません。

もう少し大きくなると、空の星を見上げて、とても大きな星を見つけては、「あれが私の神さまだ」と思って語りかけていました。

きっと私は神さまの存在を知っていたのだと思います。だから、信心深くあれ、と精霊から言われたことがありませんでした。すでに信心深かったから。神さまをどこかで知っていたから。自分と神さまの繋がりを知っていたから。

きっとみんな知っているのです。それを忘れてしまったか、誰かから否定されたり、他のもっとくだらないことに夢中になったりして、神さまとの繋がりを自分で断ち切ってしまったのでしょう。

ただ、それを思い出せば良いのです。そして、今のあなたはすでに思い出しているのです。

33

頭ではなく、ハートで生きる

頭も大切です。でもハートで生きることができるようになると人生が変わります。
頭で生きる時、私たちは基本的に恐れから行動しています。ハートで生きる時、私たちは必ず愛から行動しています。
あなたは、何かをする時は、
その行動の元に恐れがあるかどうか、
愛があるかどうか、観察しましょう。

私たちは学校でも職場でも社会でも、何らかの競争社会に生きざるを得ませんでした。特に学校では、良い成績を取るためにものを覚えることが大事だということが常識でした。頭で考える思考がとても大切にされてきました。

確かに思考は大切で、人間が考えたことが今の文明を形作ってきたのです。「思考は実現する」とか、「あなたは自分が思うほどの人間になる」と言われているように、私たちが思うことは確かに力を持っています。自分とは何ものか、という答えも左脳が考えて自分なりの答えを出していきます。でも自我は左脳中心に成り立っており、左脳中心の自我が自分こそが王様だ、とばかりに大きな力を持ってしまうのです。

自我に自分を乗っ取られてしまっているのです。しかしあなたの自我は本当の自分よりずっと小さなものです。その上、自我は過去の体験で傷ついていますから、思い込みがはげしいという欠点があります。「自分は十分ではない」と思い込んでいる場合が多いのです。

あなたの「本物の自分」は自我よりももっと大きくて素晴らしい存在です。

もちろん、左脳も自我もとても大切なものです。しかし、あなたが自我と一体化してしまうと、やっかいなことになります。本来あなたの頭脳はあなたのしもべのはずです。しもべにあなたを乗っ取られてしまう場合があるので、気をつけなければなりません。

自分の思考を自分の外（ハート）から観察するようにならなければなりません。今、頭脳ではなくハートで生きる時代がやってきているのです。

ハートは魂の宿る場所です。ハートは神さまの住む場所、愛のあるところだと言って良いでしょう。

スピリチュアルな感性を育てていけば、ハートのある人格に変わっていきます。愛が溢れてきます。

ハートで生きることができるようになると人生が変わります。自分を愛し、自分をリスペクトし、本当の幸せを感じる生き方になります。頭を賢く使い、あなたのハートで生きるようにしましょう。

ついでにひとこと

頭で生きる時、私たちは基本的に恐れから行動しています。

ハートで生きる時、私たちは必ず愛から行動しています。何かをする時は、その行動の元に恐れがあるかどうか、愛があるかどうか、観察しましょう。

欲から行動しているか、慈愛から行動しているか、それも観察してください。

そしてハートで生きる時、私たちは直感と身体の感覚で動きます。とても楽です。素早いです。どうすれば良いか、すでに知っているという感覚があるでしょう。

そのように生きる時、人生はとてもシンプルで楽しくなります。

34

人生には常に一番良いことが起こっている

人生、良いことも悪いことも、
自分が引き寄せているのです。
どんなことにも感謝して、
学ぶべきことが来たら、学びましょう。
原因は自分にあるという視点から
始めてください。
あなたはどんどんパワフルに
なっていくでしょう。

人生には常に一番良いこと、ふさわしいことが起こっている、と考えられるようになったら、素晴らしい人生が開かれていきます。

自分の人生は自分で決めている、自分の人生は自分で創造している、全ては自分の責任だ、ということに多くの人が目覚めなければならない時代が来ているのです。

不都合なことが起きるのは他人のせい、社会のせいだと考えている限り、自分のパワーは発揮されません。人生には問題が次々に起こってきますが、その問題は全て自分が引き寄せているのではないでしょうか。なぜ引き寄せるのか、それはその問題の解決を図り、成長していくためなのです。

スピリチュアルなことをどんどん勉強してください。そして、人生の深淵さを学びましょう。自分の人生は自分で創造しているというところまで深めてください。ぜひこの境地になってください。すると、人生にはもう悪いことは起こらなくなってきます。悪い体験をする必要がないからです。

すると、神さまや天使の存在が身近になって、常に守られている感覚がでてきます。全てがうまく回り始めます。こうした状況を「円滑状況」に入ったと言います。

最初この話を聞いた時には、そんなことはあり得ない、と思いましたが、今では、

「なるほど、本当のことだ」と実感するようになりました。

人生、良いことも悪いことも、自分が引き寄せているのです。

どんなことにも感謝して、学ぶべきことが来たら、学びましょう。原因は自分にあるという視点から始めてください。あなたはどんどんパワフルになっていくでしょう。

ついでにひとこと

私たちは全て、自分の人生を決めて生まれてきています。

だから、人生は決めてきたことをただ、地球という舞台で上演しているだけ。そこには実は、良いこと、悪いことという概念はないのです。全てはあるがまま。

起こってくる全てをゆったりと楽しむだけです。すると、もうあなたは学びを終えて、人生はまさに「円滑状況」と、たまさかの退屈しのぎの「問題」が起こるだけになります。

だって、あまり順調だと、私たちはつい、退屈して、いたずらがしたくなるからです。そして「問題」を自分に引き寄せては、楽しんでいるのです。

35

もっと気楽に生きましょう

自分がとても
楽に生きられるようになった、
というのであれば、
それはとても良いことです。

非二元論というものが流行っています。「私はいません」「全てはストーリーに過ぎません」「物事には原因も結果もなく、ただ起こっているだけです」「輪廻転生もありません」と言っている人がいます。全ては幻である、全ては夢のようなもの、全てに実体はない、という考え方もあることでしょう。般若心経の境地です。

最近、そのような体験をしている人もいるようです。

突然、ふっと自分がいない世界を体験した、ということです。

これは一瞥体験と言われている神秘体験の一つです。神さまからの贈り物と言うこともできます。

この神秘体験をした人は、自分は悟ったと確信するようです。

でも、それは長続きはしません。そこが始まりであって、そこからスピリチュアルなことを学んでいかなければならないのだと僕は思っています。神さまが、一瞥体験を下さって、これから勉強をどんどんしてくださいという合図なのです。

タデウス・ゴラスの『なまけ者のさとり方』にもこの神さまの贈り物である一瞥体験が書かれています。

もしかしたら、今はもう時間がないので、神さまもこれは大変だと、どんどん一瞥体験を若い人たちにさせているのかもしれません。一瞥体験をすると、もう瞑想も修行もしなくて、ああ、自然に生きていけば良い、普通に生きるのが一番だ、とわかるのかもしれません。非二元論を勉強したり、その話を聞いたりして、自分がとても楽に生きられるようになった、というのであれば、それはとても良いことです。

でも、一瞥体験は、したいからといって誰にでもできるわけではないのです。非二元論は、左脳の思考の壁を一時的に越えた場所を見てきたのだと思われます。そこからまた現実に戻ったら、すでにゴールをかいま見たのですから、「自分自身をよく見つめる」というところに戻る必要があるでしょう。

自分がした神秘体験に囚われてしまうことなく、悟りのあとも木を切り、水を汲み、この3次元の世界を楽しめば良いのだと思います。

ついでに
ひとこと

もっと気楽に生きても良いのに。
何も知らなくても良いのに。
ただただ、大きな愛の中にたゆたっているだけで良いのに。

36

素直に人生のシナリオを受け入れる

私たちは人生のシナリオを書いて生まれてくるのです。そうであれば、素直にそのシナリオを受け入れた方が、幸せになりやすいのではないかと思います。

冬の間、緑が消えて、寒さも厳しく、我慢しなければならなくても、春になれば、草も自然に生えてきます。実際のところ、時は自然に移り変わり、物事は自然に起きてきます。「待てば海路の日和あり」という言葉もあります。今は大変かもしれませんが、何とか我慢して持ちこたえ、頑張っていれば、光も向こう側から優しくやってくるでしょう。人生はそのように完璧にできているのです。

私たちはこの3次元にいろいろなことを体験するためにやってきました。3次元的に見て、良いこともあれば、悪いこともあります。でも、良いこと、悪いことと決めているのは私たち一人ひとりの判断なのです。

そこで、悪いことでも、これは自分が引き寄せたことである、学ぶためにこの体験を引き寄せたのだ、と思いを変えれば、全ては良きことのために起きている、と判断することも可能なのです。たとえば、結婚したカップルに子供ができなかったとしたら、いろいろ努力して子供ができるように頑張ることも大切だと思いますが、どうしても子供ができない時は、養子をもらう選択もありますし、今生は子供のない生活を楽しんでみよう、と気持ちを切り替えることもできます。私たちは人生のシナリオを書いて生まれてくるのです。

そうであれば、素直にそのシナリオを受け入れた方が、幸せになりやすいのではないかと思います。人生の流れには抵抗しないで、そのまま従っていると、やがて春がやってきて草も木も緑に燃えて、やがて、大きな果実が実るのではないでしょうか。『受け入れの極意』という本を私たち夫婦が書いていますので、ぜひ読んでみてください。

ついでにひとこと

よくある質問に、「私はスピリチュアルなことが大好きで、人生が楽になっていますが、夫がどうしてもわかってくれない。夫をわからせるにはどうしたら良いの?」というものがあります。

あなたは彼を無理矢理自分の思う方向に動かすことはできません。

彼が動き出すまで、自然にあなたと同じ方向を向くまで、待っていてください。

待つ、見守る、ということを覚えると、人間関係も人生も、とても平和で穏やかになります。

37

今は最高に良い時代です

全ては今ここに存在している、
過去の人生も未来の人生もここにあって、
ただ、今の私はこの人生に
フォーカスしている。
そして私は、どこかに今、存在している
他の人生を時々思い出しては、
楽しんでいるのでしょう。

輪廻転生を知ると人生がとても楽しくなってきます。もしかしたら、古代のエジプトにも生きていたかもしれないし、ギリシャにもいたかもしれません。イエスのいた頃のイスラエルにも住んでいたのかもしれません。人生の幅が広がりますし、時代も行き来できるし、国境も、人種の壁ですら、飛び越えてしまい、いつの間にか、人種的な偏見もなくなっている自分を感じます。エジプトのピラミッドの時代の映画やイエスの時代の映画を見ると、まるでその時代に自分がいたかのような気持ちも味わうことができます。おそらく、21世紀の今という時代に生きていることに感謝できるのではないでしょうか。

きっと、何千年何百年前の時代の人生は、今よりもずっと厳しい時代で、生きることは、とても大変だったのではないかと思います。今のように人間が尊ばれ、生活必需品をはじめとして、何もかもが十分にある豊かで自由な時代は、まるで夢物語の世界ではないかと思います。

特に今、平和で豊かな世界に生きていることを祝福だと思ってください。ましてや、スピリチュアルなことに興味を持てたことは幸いです。おそらく、人間は進化を続けて、最終的には神さまである自分に気づく、つまり集団覚醒が起こるところまでいくのでしょう。

すると各自の尊厳が尊ばれ、平和な世界がやってくる。もちろん地球の環境は守られるようになるでしょう。

人間の進化がどこまで続くのか。また生まれ変わってきては素晴らしい世界を体験できるのではないでしょうか。あまりにも楽観的でしょうか？

人類はそんなに賢明ではなく、核戦争により滅びてしまうのでしょうか？　先の予想はできませんが、人は死んでも、肉体が滅ぶだけだとわかれば、何が起ころうとも大丈夫だと安心して、今を生きればいいのでしょう。

僕はより平和で安全で豊かな愛の世界を築くためには、まずは個人が自分を知って、覚醒していく道しかないと思っています。そして、今がその時ではないでしょうか？　全てのシナリオはできあがっているのではないでしょうか。心配しないことです。

ついでにひとこと

私は中近東や中国の西域地方が大好きです。特に、カシュガルやトルファンに行くと、懐かしくて嬉しくてたまりません。

一方では、あまり行きたくない場所もありました。大好きな場所は、多分、とても幸せな前世があったところだと思います。あまり行きたくないところは、つらい人生を送ったことがある場所なのでしょう。

前世での体験は、今にも影響を与えているのです。

また、全ては今ここに存在している、過去の人生も未来の人生もここにあって、ただ、今の私はこの人生にフォーカスしているだけだ、という話を聞いたことがあります。

そして私は、どこかに今、存在している他の人生を時々思い出しては、楽しんでいるのでしょう。

今はもしかしたら、多くの人が覚醒の人生にフォーカスしているのかもしれません。多くの人が同時に自分を取り戻していくとは、何て素晴らしいことでしょうか！

38

人はみんな平等です

人はみんな神さまであり、
完璧な存在であるとわかれば、
優劣の観念を超えた世界に住める。
輪廻転生がわかれば、
さらに人が平等であることがわかります。

世の中には自分の国は特別な国であると信じ込んだり、自分の属している人種が一番優れていると主張したりする人がいることは、とても残念なことだと思います。

人はみんな神さまであり、完璧な存在であるとわかれば、優劣の観念を超えた世界に住めるのではないかと思います。

私たちが脳のレベルで生きている時は二元の世界に生きています。二元の世界はどちらが優れているかとか、勝ち負けの世界です。

人は輪廻転生のサイクルの中で男性を演じたり、女性を演じたり、いろいろな人種を体験します。しかし、輪廻転生のメカニズムは詳しく知ることはできません。おそらく、神のみぞ知るレベルであって、人間のレベルではそこまで知るよしもないのでしょう。オールドソウル、ヤングソウルと人を分類したりすることも、この現世的な、二元の世界のできごとなのだと思います。

ただ、いろいろな体験をしてカルマを清算し、魂をピカピカにしていくと、もう生まれてくる必要はない、という段階もやってくるのではないかと思います。

そして、生まれてこなくても良いほど進化した魂であっても、他の人類を助けにこの3次元の世界に戻ってくるということもあるのかもしれません。この宇宙で、人間が知ることのできることは、ほんのわずかなことなのでしょう。

ただ、人類の歴史を振り返ってみれば、人間はみな平等である、ということが認識されてきた歴史であったような気がします。輪廻転生がわかれば、さらに人が平等であることがわかります。

それは人間を魂のレベルで見ることができるようになるからです。さらに進めば、生きとし生けるもの全てが平等である世界へ進化していくのでしょう。男女の平等を推進する国、動物の命を大切にする人、核兵器の廃止、死刑廃止を主張する人たちは魂のレベルが高いということになるのではないでしょうか。

ついでに
ひとこと

40歳まで、私はとても狭い世界に生きていました。大学を出て、男だったらサラリーマンか官僚になり、女だったらそういう人たちの奥さんになる。そんな人ばかりの世界に住んでいたのでした。最近は聞くことのない言葉ですが、いわゆるホワイトカラーのエリートと呼ばれる人たちの世界です。

40歳を過ぎて見えない世界や自分自身が何ものかを学び始めた時、私はその狭い世界から飛び出しました。

飛び出したと言うよりも、そこから飛び降りたのです。すると、そこには私が知らない人たちがいました。

電車の運転手さん、お百姓さん、商店主さん、ウェイトレスさん、俳優さん、音楽家、フリーターの人たちなどなど。

そして、その人たちはとても愛に溢れていました。お互いに助け合うことを知っていました。それまで私が属していた世界よりも、ずっと人間的で暖かい世界でした。

私はその時やっと、人はみな平等だということの本当の意味を知ったような気がします。

39

他人の生き方を批判しない

一番大切なことは、自分の生き方です。
他人を批判する時、
実は自分を批判しているのかもしれません。
他人の中に見えるものは、
自分の中にあるからです。

人は自由に生きて良いのです。しかし、日本においては、芸能人が不倫と称される自由な恋愛などをした場合、週刊誌やテレビなどで、これでもか、これでもかというほどひどくバッシングを受けたりしています。他人を批判して、時にはその人の息の根を止めてしまうほどのことがこの日本で堂々とまかり通っているのを見ることは、僕にとっては心地よいものではありません。

もっと、「自分自身をよく見る」ことが大切だという考えが広まらないだろうか、と願っています。

他人の生き方をどうのこうのと批判している場合ではないのです。他人の生き方を批判できる人はいるでしょうか。他人の自由を阻害していいはずはありません。

人はこの世では自分の魂を成長させるために、みな、その人にとって一番必要なことをしているのではないかと思います。一番大切なことは、自分の生き方です。他人を批判する時、実は自分を批判しているのかもしれません。

他人の中に見えるものは、自分の中にあるからだ、ということです。もちろん人の不正な行いを批判することは大切です。特に権力に対しては厳しい目を向けて当然です。ただ、僕の個人的な意見はどうあれ、社会はそこに住んでいる人たちの意識レベルの反映です。その意味では現在、いろいろなことが起こっていますが、それは起こるべくして起こっているのでしょう。

それを受け入れていくことしかありません。この宇宙では、何が起こっていようと、全ては完璧で、起こるべきことが起こっているだけなのでしょう。

ただ、宇宙正義のようなものがあるような気がします。それは自分が出したものが自分に返ってくるという現象です。自分で蒔いた種は自分で刈らなければならないのです。子供の時に言われた「悪いことをするとバチが当たるよ」という言葉は、僕にとって古くさい言葉ではあっても、愛しい言葉です。だから、他人のことは神さまに任せて、「自分は愛になって、いつも愛を放射しよう」と思うと楽しくなるのです。

ついでに
ひとこと

とても簡単なことなのです。人差し指で人を差して「お前はけしからん」と言う時、他の4本（親指の向きはそれぞれなので3本かしら）の指はあなた自身を差しています。

つまり、誰かを「けしからん」と言う時、あなたは自分を「けしからん」、と言っているのです。そして、その言葉に一番縛られるのもあなたです。「けしからん」ことをあなたはもう行うことはできないからです。

もっとも、この世界では、そんなことはおかまいなしに、「けしからん」と自分が言ったことを、次の日には平気で自分がやっているような人たちが大勢います。私もやっているかもしれないし。そして、良い人や従順な人たちは「お前はけしからん」と言われると、「そうか、自分はけしからんのか」と落ち込んでしまいがちです。

落ち込むのは止めましょう。何と言われても、どこ吹く風でいて良いのです。

あなたは自由なのですから。

そして問題は、「けしからん」と言う人にあるのですから。

第5章

神さまから愛される最高の生き方って何？

40

「自分を知る」を広める

ぜひ自分の中に平和を築くことから
始めましょう。
平和な人が多くなれば、
平和な世界がやってきます。

どんなことからも学べる、というのは良い言葉だと思います。何度も何度も繰り返してやっと学べることもあります。また、時間がたつと世代も変わって、また学び直さなくてはならないこともあるようです。

日本がこれまで大きな犠牲を払って学んだことに、「二度と戦争をしない」ということがあります。

しかし、戦争の悲惨さを体験した世代は、やがてこの世界から卒業していなくなってしまうでしょう。平和の大切さが世代を超えて十分に伝えられてきたでしょうか？ また大きな悲劇を繰り返して、学び直さなければならない時が来ているかもしれません。スピリチュアルなことに関心がある人は、ぜひ自分の中に平和を築くことから始めましょう。平和な人が多くなれば、平和な世界がやってきます。

今、新しい世代が生まれている、ということもよく耳にします。それはクリスタルチルドレン、レインボーチルドレンなどと呼ばれています。本当に覚醒した人が増えれば、より平和で、豊かで、より平等な社会ができるのです。心配はいりません。私たちが一番努力すべき大切なこと、「自分を知る」を広めましょう。また、「ハートを開く」ということを広めましょう。そして、一人ひとりが、「自分らしさを取り戻すことができる」社会を創れば良いのです。

その兆しは全国的に現れているような気がします。日本は平和を広める役割を果たすために、試練を乗り越えてきました。平和な世界を創ること、それが日本人の大きな願いです。

外的な恐怖におびやかされないことです。自分の中に確固たる平和を発見しましょう。魂は本来的に喜びと平和を知っているのです。

ついでに
ひとこと

あまり真剣にこの世界を変えようとする必要もない、と思い始めています。私たちの意思に関係なく、何やら地球のエネルギーが変わってきています。

そして、私たちが抵抗せずに、ただそのエネルギーに乗っていく時、私たちは愛の方向へとどんどん運ばれていくのです。

必要なのは、その愛に乗ること、感じること。そして自分も愛になることです。

41

「引き寄せの法則」は易しい

何か実現させようとしたら、「引き寄せ」は易しいことだ、と思ってください。

あなたが易しいと思えば、本当に願いは次から次へと実現していきます。

日本では2007年に出版されたロンダ・バーンの『ザ・シークレット』が、「引き寄せ」という言葉を日本の日常用語にしました。

それから10年間、日本の精神世界は「引き寄せ」のブームでした。誰だって、自分の欲しいものをどのように「引き寄せ」たら良いかを知りたいものです。

この「引き寄せの法則」で大切なことは、思ったことは、やがて現実化するということです。つまり、「原因」が「思考」で、「思考」が現実化することが「結果」なのです。人が思うことはとても強い力を持っています。みなさんも、思っていることはいつか必ず実現すると確信してください。確信すれば、実現します。

私たちの周りにあるものは、誰かが「思った」から現実化したものです。

みんなが平和を願えば、平和がやってきます。平和なんか来ないとみんなが思えば、平和はやってこないでしょう。もし、みんなが戦争になるとおびえていれば、戦争を引き起こしてしまうでしょう。また、残念なことに戦争を望んでいる勢力も存在するのです。

何かを実現させようとしたら、「引き寄せ」は易しいことだ、と思ってください。易しいと思えば、本当に願いは次から次へと実現していきます。

ついでにひとこと

実は人は何でも実現させることができるのです。

ただこの「引き寄せ」は、実は「波動の法則」でもあることを知っていてください。

自分の「波動」を高く保つと、良いことが次々に起こってくるのです。

だから、あなたの波動を高めることが基本です。ぜひ愛の波動を高めてください。

その秘密は「自分は愛の存在だ」と知ることです。


私は「引き寄せ」がとても苦手です。自分が何をしたいか、それを思い描いて、それが実現したかのように楽しみ、そして忘れる。

そんな面倒なこと、とてもやってられないからです。

引き寄せ名人はすごいなあ、と思いますが、私の生き方とは違います。それぞれに、自分に合った生き方ややり方があります。

自由なのです。

「引き寄せ」の好きな人はどんどんやってください。

うまくいかない人は他の方法を試してください。個人的には、一番すごいのは感謝の法則だと思います。
感謝する時、私たちの世界は変わります。

42

「受け入れの法則」を学ぶ

「引き寄せの法則」が
とても自然になったら、
次は「受け入れの法則」を学びましょう。
神さまがあなたに次から次へと
素晴らしいチャンスを、いろいろな形で
差し出してきます。

「引き寄せの法則」がとても自然になったら、次は「受け入れの法則」を学びましょう。神さまがあなたに次から次へと素晴らしいチャンスを、いろいろな形で差し出してきます。だから、それを「ありがとう」と言って、感謝して受け取れば良いだけです。

人生にはいろいろなことがやってきます。時には信じられない悲劇がやってくることもあるでしょう。どんなことがあっても、「ありがとう」と受け入れましょう。あなたに必要でないことは起こりません。

あなたの潜在意識が必要なことを引き寄せているのです。この秘密がわかったら、人生はとても楽になります。基本は自分を知ることです。そして、自分の全てを愛し、自分を好きになることです。自分を好きになりさえすれば、全てはうまく回転していきます。

自分を好きになること、それは、つまり、ありのままの自分を100パーセント受け入れ、自分に100パーセントOKを出すこと。

いつも自分に感謝して微笑むこと。そして自分が本当にしたいことに勇気を持って挑戦することです。

ついでに
ひとこと

こちらの方が私のお勧め、と言うか私の得意な方法です。宇宙は本当に愛に溢れています。本当に優しいのです。

あなたが自分の好きなように生きるのを、そのまま見守っています。そして愛を注いでいます。

そして、それと一緒に、あなたにプレゼントを雨あられと注いでいるのです。

それを受け取るのも、受け取らないのもあなたの自由です。あなたはどうしますか？

43

瞑想を習慣にしよう

瞑想は気楽に始めてみれば良いのです。
３分間瞑想でもかまいません。
どんな動機でも、
どんな形の瞑想でも良いと思います。

瞑想していれば悟れるか、と言うと、そうでもないと思います。でも瞑想をすることによって、今ここにいることの練習になります。瞑想にはいろいろな難しい約束ごとがあると思い込まないでください。

瞑想は気楽に始めてみれば良いのです。3分間瞑想でもかまいません。最近はマインドフル瞑想という形で、ストレスを解消するために始めている人が増えているようです。

どんな動機でも、どんな形の瞑想でも良いと思います。私たちはスピリットダンスの最後に瞑想曲を流して瞑想をしたり、ヨガの時は最後に誘導瞑想をしたりしています。

また、前世を自分で見るために退行瞑想のCDを出していますので、試してみてください。

瞑想をする時、自分の呼吸に意識を持っていく練習をしていくうちに、マインド（頭で思考すること）が次第に静かになっていきます。つまり、今ここに意識を集中することができるようになります。

思考は今ここにいることはできません。思考は常に過去を悔やんだり、過去に囚われたり、未来を心配したりしていて、過去や未来にいるのです。今ここに意識を持っていくと、思考が止まるのです。

瞑想にはいろいろなやり方があって、何か言葉に集中する瞑想もあります。そのような瞑想を黙想と呼んでいます。『マスターの教え』には良い言葉を並べて書いてあるので、毎日その一つの言葉に関して意識を集中して黙想しましょう。

たとえば、愛について考えてみるのです。次から次へと愛について考えます。素晴らしいアイディアが生まれるかもしれません。

マントラ瞑想の場合は一つのマントラを唱えます。「オーム」という言葉を繰り返してもいいし、『あわの歌』の一音一音を自由に伸ばして唱えてみてもいいでしょう。

何事も実際に体験してみると、自分に合った瞑想法が見つかるでしょう。

ついでにひとこと

瞑想を行って効果があると思ったら、ぜひ続けてください。『アウト・オン・ア・リム』を訳していた頃、私は縁あって瞑想を始め、毎朝、必ず15分間、瞑想をしていました。すると、心が静かになり、恐れがなくなり、知らない人とも以前よりも楽しく明るく話せるようになりました。

その上、パーティーのご馳走のメニューまで瞑想中に出てきました。だから、毎日楽しくずっと続けていました。

でも、それ以前は、瞑想をすると良いのにと思っても、続きませんでした。だから無理をしないこと。何事にも時があるからです。そしてその時になれば、自然と瞑想をしているあなたがいるでしょう。

そして、どんどん自分に確信を持てるようになっていくのがわかるでしょう。

44

気持ちをリラックスさせて、自分の波動を高める

波動を高くすれば、
良いことが引き寄せられてくる。

「ありがとうと言うこと」「笑うこと」

「楽しむこと」「歌うこと」「踊ること」

「自己肯定感を高めること」「自分を好きになること」「自分を大切にすること」

「自分が愛であることを認めること」

「信心深くなること」「自分が幸せであること」

自分の気持ちをリラックスさせることが、
自分の波動を高めることです。

「引き寄せの法則」をよく研究してみると、自分が出している波動にふさわしいできごとが自分に引き寄せられるということがわかってきます。つまり、自分の波動を高くすれば、良いことが引き寄せられてくるのです。では波動を高めるためにはどうしたら良いのでしょうか？　一番簡単なのは「感謝すること」です。「ありがとうと言うこと」「笑うこと」「楽しむこと」「歌うこと」「踊ること」「自己肯定感を高めること」「自分を好きになること」「自分を大切にすること」「自分が愛であることを認めること」「信心深くなること」「自分が幸せであること」。この他にもいろいろありますが、気持ちをリラックスさせることが、自分の波動を高めることなのです。特に自分の中にある愛の波動を高めましょう。瞑想する時、ハートから愛の波動を放射する練習をしてみましょう。

まずは家族の一人ひとりに愛を送ります。次には友人に愛を送りましょう。

そして、いつも自分を守ってくれている神さまに対する愛と感謝を送ります。

すると、あなた自身が愛そのものであると自然に思えるようになるでしょう。

あなたの波動が高まれば、あなたの人生はどんどん良い方向に進んでいきます。

ついでにひとこと

波動を高める。いいですねえ。どうすれば良いのでしょうね？　一番良いのは、今のあなたを許し、自分に優しくすることです。修行など、必要ありません。ただ、自分に優しくしてください。愛の言葉をかけてください。

愛しているよ、と言ってあげてください。

鏡の中のあなたに向かって、あなたは素敵、とても有能、素晴らしいわ、と言ってあげるのです。

そして、睡眠をよく取り、働きすぎず、適当に遊び、おいしいものを食べ、水をいっぱい飲み、時には踊り、歌い、いっぱい笑い、そして良い空気を吸いましょう。

45

今ここに生きること

「今に生きる」とはマインドに支配されないということです。
今だけに意識を集中していれば、そこには何の悩みもなく、平和があります。

『Be Here Now』はラム・ダスの有名な本のタイトルですが、今ここに生きること、今に意識を集中することの大切さは、現在ではかなり広まってきました。「今に生きる」とはマインドに支配されないということです。

マインドは過去と未来にしかいられないので、マインドから解放されるために今に意識を持っていくのです。今だけに意識を集中していれば、そこには何の悩みもなく、平和があります。今ここに意識を集中する時間をなるべく多く持つようにしましょう。

慣れてくると、ふと、自分は何も考えていないと気がつくようになります。ああ、かなり悟ってきたな、とわかります。

過去のことをあれこれ悔やんだり、先のことを心配ばかりしていたのが嘘のようになります。

そして、人生は今の連続であり、「今しかない」とわかってきます。

今に意識を集中すれば、今を深く味わえます。食事をしている時は、新聞などを読みながら食べるのではなく、食べているものに意識を集中し、よくかんで、よく味わうのがいいのだとわかります。「明日のことは思いわずらうな」と言ったのはイエスでした。心配ばかりしていた心配症の僕も、だんだん今に生きられるようになってきました。一日一日を元気で生きていることに感謝しましょう。

ついでにひとこと

私は毎朝、ラジオ体操をしています。この町は素晴らしくて、毎朝、100人くらい集まって、公園でラジオ体操をしているのです。

ある時、ぼんやりしながら身体を動かしていると、知らない間に体操が終わっていました！

一体どうしたのでしょう？　私は今にいなかったのです。他のこと、多分、昨日のことや先のことを考えていたのです。それで、自分が今やっていること、ラジオ体操には、全く注意を向けていなかったのです。だから気がついたら、体操が終わっていました。その時、びっくりしました。いつも多分、こんななのです。

それからは注意して、今体操をしている自分にフォーカスしようとしていますが、それでもまだ、時々そこから意識が他に行ってしまいます。

これをスペースアウトと言います。

その場から自分がいなくなってしまうのです。面白い現象ですね。自分がスペースアウトしていないかどうか、時々チェックしてね。

46

魂をノックする本に出会う

スピリチュアルを教えている本は、
あなたの魂をノックして、
あなたの魂が知っている宇宙の真実を
思い出させてくれる。
あなたの中には全てがあるのですから。
あなたはすでに全てを知っているのです。
そして、一度宇宙の真実を知れば、
どんどん深く思い出していくのです。

30年前、私たちが自分自身を見つめ始めた時、まだまだスピリチュアルな本が沢山ある時代ではありませんでした。それでもリバイ・ドーリングの『宝瓶宮福音書』や、ルドルフ・シュタイナーの『神智学』などを探しては難しい本を読んでいました。21世紀の今は素晴らしい時代になったと思います。シャーリー・マクレーン、ジェームズ・レッドフィールドなど、読みやすい良い本が沢山出てきました。僕にとっての忘れられない本はマリリン・ファーガソンの『アクエリアン革命』でした。この本を読んで、21世紀になると素晴らしい時代がやって来るのだ、とワクワクしました。

その頃、『バシャール』というチャネリングの本も流行しました。最近、バシャールがまた復活して若者たちによく読まれていることは素晴らしいことです。

またインドの偉大なグル「OSHO」の本も大いに読まれました。OSHOは精神世界に大きな影響を与えた偉大なグルでした。権力や権威をあまりにも批判したために、権力側（政治家、聖職者）からは煙たがられ、危険人物と見なされました。私たち自身もあまりにも過激な集団なのではないかと距離をおいて見ていたのですが、OSHOの言っていることの中には素晴らしい真実があることは感じていました。

自分の中にある偏見を見る良いチャンスでした。僕からみなさんにお勧めしたい本はエックハルト・トールの本、レナード・ジェイコブソンの本などです。いずれも意識を「今ここ」に持っていくことの大切さについて教えています。

ついでにひとこと

そうですね、最近は本当に優れた本が多くなりました。私たちはもっぱら、初心者向けの本を翻訳してきました。それが私たちの役割だったのです。

一度、スピリチュアルな学びを始めると、次々と自分に必要な本やセミナーに出会っていきます。自分の興味の赴くままに学んでいけば良いのです。

最近は、若い日本人が優れた本を書くようになってきました。それらの本は日本語で書かれているので、翻訳されたものよりもわかりやすいかもしれませんね。一つ大切なことは、こうしたスピリチュアルを教えている本は、あなたの魂をノックして、あなたの魂が知っている宇宙の真実を思い出させてくれるということです。

あなたの中には全てがあるのですから、あなたはすでに全てを知っているのです。そして、一度宇宙の真実を知れば、どんどん深く思い出していくのです。

47

神さまから愛される最高の生き方

人生ってコツをつかめば
最高の生き方が発見できます。
まずはあなたは自分を知ることです。
神さまの分身はあなたなのです。
あなたが神さまなのです。

人生ってコツをつかめば最高の生き方が発見できると思います。まずは自分を知ることです。自分を知ると、自分は輪廻転生をしている魂の存在だということがわかります。私たちは神さまの分身なのです。なーんだ、自分が神さまだったのです。それを忘れてしまうように仕組まれていたのです。

だから、本来の自分を思い出せば良いだけです。自分が神さまだとわかると、何と、この世は全て神さまが取り仕切っているということがわかるのです。人から愛される必要も全くありません。自分自身でいれば、もう誰もがあなたを愛しているのです。

ただ、それがわからなくなっていただけ。あなたが神さまに愛されているから、地球に送り込まれてきたのです。自分で生まれたくてやってきたのでしょう。神さまの分身はあなたなのです。あなたが神さまなのです。神さまは自分なのだから、自分を大事にして、自分をとことん愛すれば良いのです。どんな自分でも100パーセント愛してしまえば良いのです。

そして、すでに神さまは自分を十分に愛しているのだと気がつけば良いのです。神さまは自分に他ならないからです。

自由に生きて良いのです。

笑って生きて良いのです。

踊って生きて良いのです。

自分の本質を見つけさえすれば、人生は絶対にうまくいくのです。人もみんなそのままでいいのだとわかってきます。

宇宙が完璧なこともわかるのです。

さあ、素晴らしいあなたはそのままで完璧です。

ついでにひとこと

なんだ、そうだったのか！　とばかりに、世界中の人が急に「自分は神さまだ、他の人も神さまだ、全てが神さまなのだ」と気づく時が、まもなくやってくるかもしれませんね。それがわかれば、みんな一つだ、ということがわかって、分離も対立もなくなるでしょう。

みんな仲良くして、平和に生きるようになるでしょう。どんな人もそれぞれにちょっと現れる形が違っているだけです。

人種や宗教やしきたりや、考え方の差が出ているだけなのです。なんだ、わかっちゃった！！！と、もっと多くの人たちが言い始める時が来るのを、楽しみにしています。

48

神さまから愛されているあなた

あなたは自由なのです。
あなたはパワフルなのです。
あなたは神さまの分身なんですよ。
あなたは幸せに生きて良いのです。
誰からも支配されていません。
人生とはゲームです。
本当の自分を見つけるゲームです。

この地上に生きているものはみんな神さまから愛されていると思いませんか？

ほとんどの人は、そう思えていないから苦しいのかもしれません。

でも実は大丈夫なのです。苦しみは自分で創っているのです。そのことに気がつけば良いのです。あなたは自由なのです。

あなたはパワフルなのです。あなたは神さまの分身なんですよ。あなたは幸せに生きて良いのです。誰からも支配されていません。

そう思えないならば、自分がなぜここに生まれてきたのかを思い出してみましょう。あなたの魂はきっと冒険家なのでしょう。

自分で修行するために地球にやってきたのでしょう。自分を鍛えたいがために、いっぱい問題を創り出しているのです。人生とはゲームです。そのゲームは自分が誰なのかを発見するゲームだったのです。

本当の自分を見つけるゲームです。

本当の愛を見つけるゲームだったのかもしれません。愛って、小さな愛ではありません。宇宙のように大きな愛です。実はそれが神さまと言われているものです。

自分が誰なのかを探している内に、あなたは愛を見つけます。そして神さまを見つけます。本当の自由を見つけます。そして大声で笑ってしまうのです。なーんだ、探していたものは自分だったのです。あまりにも簡単、あまりにも普通、あまりにも身近にあったので気がつかなかったのです。そして、自分がどんなに愛されていたか、全てが愛だったと気がつくのです。恐れることはどこにもありません。

死んでも大丈夫です。

全てが愛だとわかれば、それで恐怖ゲームは終わりです。おめでとうございます！

ついでに
ひとこと

この世は双六みたいなものかもしれません。そして、そろそろみんなが双六を上がる時が来るのかしらね。

フィンドホーンにトランスフォーメーションゲームという面白いゲームがあります。一種の人生双六です。一度だけしかやったことがないのですが、４人一組になってさいころを振ってはコマを進め、進んだところで、休めとか、歌を歌えとか、いろいろ遊ぶゲームでした。ところが、私はなぜかどんどんうまくいってしまって、１時間くらいで上がってしまいました。

それからが退屈、みんなが「しまった」「まただ!」なんて興奮しながら遊んでいるのを、ぼけっと見ているだけだったのです。

だから、あなたが今悩んでいても、困っていても、怒りでいっぱいでも、人と争っていても、いいのです。

あなたは生き生きとゲームを楽しんでいるのですから。でも、それは人を傷つけ、自分も傷つける楽しさです。

そして、いつかは飽きてしまう楽しさ。そして、今はそのような不完全な楽しさから抜け出して、本当の愛と平和を自分の中に実現する時代なのだと思います。

そろそろ双六を上がる準備をしてね。

49

馬鹿な自分、そして、本当は素晴らしい自分に気がつこう

人生の苦しみは、
全部自分で創り出していたんだ、
全ては自分で仕組んでいたのです。

今まで自分は目が開いていなかったことに気づきます。競争しなくて良いのに、頑張っていたことに気づきます。世界は愛に溢れていたのにその愛が見えなかったことに気がつきます。人生は自分で仕組んできた芝居だったことに気がつきます。なーんだ、人生の苦しみは、全部自分で創り出していたんだ、ということもわかります。全てがドッキリカメラだったことがわかります。目が覚めれば、ほっとして、全てが夢だったことがわかるのです。

全ては自分で仕組んでいたのです。

だって、いろいろ体験したかったからです。最初から、そのカラクリに気がついてしまったら、面白くないからです。おしまいなんです。だから人生を面白くするために、ドキドキ、ハラハラの場面を創って苦しんでいたのです。

自分がなぜここにいるのかを、わからなくしていたのです。人生は楽しんで良いのです。自分が神さまであることを発見したら、あとはリラックスして、まだまだ気がつかないで苦しんでいる人に愛を送って、大丈夫だよって言ってあげましょう。「心配しなくてもいいんだよ」「怖がらなくてもいいんだよ」と教えてあげましょう。人からは馬鹿に見えるかもしれません。でも馬鹿でいいのです。早めに馬鹿な自分に気がついただけなのです。神さまが笑っています。あなたも笑い出すのです。

ついでにひとこと

悟るとは、どれだけ馬鹿になれるかだ、なんて私は思っています。自分は頭が良い、記憶力抜群、どんなこともすぐに理解できる。

今まではこうした資質がとても大切でした。これは左脳の領域の資質です。こうした人間の資質のおかげで、経済が発展し、多くの科学技術が生まれ、私たちの生活は便利になりました。その結果、いろいろな問題が起きてしまったのが、今の私たちの世界です。

これからは、このような資質も大切にしながら、もっと違うところを発達させましょう。直感です。今までの常識を超越することです。それは馬鹿になることでもあります。自分に降りてきた直感やメッセージを信じることです。

信じやすいお馬鹿さんになれば良いのです！　すると、人生が楽しくなって、嬉しくなって、愛いっぱいになります。みんなが愛そのものに見えてきます。

そして何よりも、リラックスして、安心して、平和に生きられるようになるのです。

50

人生って素晴らしい！

あなたはそのままで良いのです。
ただ、人の生き方を批判しないことです。
他人を馬鹿にしないことです。
幸せとは今ここにあります。

武器を作ったり、戦争をしたり、富の争奪戦をしている人間って、何なのでしょうか？　みんな恐怖で生きているのでしょう。殺されることが怖いのでしょう。

だから、殺される前に敵を殺さなければいけないと真剣です。

でも、あなたが殺されたとしても、それは肉体が滅ぶだけでしょう。あなたは絶対に死なないのです。あなたは永遠の存在なのです。それがわかれば、あなたは死ぬまで楽しめるのです。馬鹿になりたくなければ、そのままで良いのです。

ただ、人の生き方を批判しないことです。他人を馬鹿にしないことです。他人より優れていると思いたいのでしょうか。

さあ、この世で大切なことは目覚めることなのです。

全てはスクリーンに映っては消えていくゲームなのです。私たちはあまりにも悲劇が好きだったので、悲劇的なストーリーばかり演じてきました。

それさえも仕方のないことです。

過去はどうでも良いのです。未来もどうでも良いのです。

今という瞬間を大切にしましょう。困っている人がいたら「大丈夫ですよ」と伝えてあげましょう。

全ては大丈夫なのです。私たちはもう馬鹿な競争ゲーム、世界を滅ぼすような芝居は止めて、助け合って、笑い合って、幸せゲームを始めましょう。他人のことはそのままで良いのです。自分が気がついたら、あなたが幸せゲームを始めれば良いのです。そして、どんな悲劇ゲームを楽しんでいる人も認めてあげましょう。それが「受け入れの極意」なのです。

幸せとは今ここにあります。青い鳥も赤い花もここにあります。それに気がつくだけ。何てシンプル。感謝と喜びがわいてきます。それが生きる歓びなのです。さあ、感謝して、今を楽しみましょう。

ついでに
ひとこと

わお!! はい、わかりました! 先生!!!

第6章

神さまに愛される6つのワード

01

グラウンディング――足を地に着ける

私たちは宇宙と、神さまと繋がることが必要です。しかし、それだけでは浮いてしまいます。上の方ばかりに浮き上がって、足下が危なくなるのです。そこで必要なのが、足を地に着けること、グラウンディングです。

私たちはこの地球に生きて日常生活を送っています。そして、身体を持って3次元の物質世界で生きることが、ここにいる目的なのです。だから、日々の生活が大切です。ここでしか体験できない素晴らしいことをしっかり体験するために、地に足を着けることを忘れないでください。

瞑想する時、足をしっかり床に着けて、足からずっと地球の真ん中に向かってエネルギーが木の根っこのように流れていくのをイメージしましょう。また、自然の中に入ってください。木に抱きついてください。裸足で芝生の上を歩きましょう。こうして地球と交流していると、いつも地球と繋がっていることができます。すると、宇宙や天や神さまのエネルギーが、もっと大量に、もっと力強く、あなたの中に流れ込んできます。

02

ワンネス――みんな一つ

最近、ワンネスという言葉はあまり聞かなくなりました。その代わりに非二元論という言葉が流行っています。ワンネスとは、あなたも私も他の全ての生き物も、みな一つなのだ、という意識です。または、全てのものは同じものからできている、だから全てのものは一つ、形や現れ方は違っても同じものなのだという意識です。このことが頭ではなくて、ああ、そうなのか、と感じられた時に、私たちはワンネスを体験し、より大きな存在へと成長していくのです。そして、私たちは神さまそのもの、宇宙そのものだと知ることが、究極のワンネスと言えるでしょう。

03

身体の声を聞く――自分との対話

私たちの身体はいろいろな情報を発信しています。それは、私たちが今、どんな状態にあるか、快調なのか、それともどこかに問題があるのか、ちゃんと教えてくれるのです。ところが、私たちの頭はそれを無視してきました。

そして身体の調子がおかしくて、すぐに疲れてしまうのに、もっと働かないといけない、こんなに軟弱ではおかしい、などと思って身体のサインを無視して、もっと突っ走ろうとします。それが積み重なると、重い病気になったり、心が折れてしまったり、怪我をしたりします。最悪の場合には、過労死や自殺に至ることさえあります。

身体の声を聞いてください。どこかが痛くなったら、どうしてそうなったのか、耳を澄ませてください。疲れやすくなったら、食べすぎか、食べ方が少なすぎるのか、睡眠不足かなど、何かの原因があります。お医者様に行く前に、じっくり自分の身体に耳を澄ますときっと答えが返ってきます。お医者様に行きなさい、マッサージをしてもらいなさい、もっとよく寝なさい、海に行って足を水につけてみて、仕事を休んで……身体はちゃんと、あなたにしてほしいことを教えてくれます。そして、それを実行する内に、自分の身体との対話がどんどん上手になっていきます。そして、健康になっていくのです。

04

スピリチュアルエゴ――あなたは特別じゃない

あらゆるエゴの中で最悪なものはスピリチュアルエゴだと、先生が教えてくれました。

『自分は悟っている。他の人よりもずっと進んでいる』というエゴです。誰でも陥りがちなエゴです。私はこの世界に入ったのに、夫は全くわかってくれない、などと思うのも小さなスピリチュアルエゴです。自分がそのようなエゴを持っているかどうか、ちょっと立ち止まって考えてみてください。自分にもある、と思ったら、わかっただけで上出来です。そのエゴはなかなか消えないと思いますが、こういうエゴもあるのだ、と知っているだけで良いのです。スピリチュアルなことを学ぶのは、誰にとっても当たり前のことです。何も特別なことではないのです。

05

悟るとは——ゆがみを取る

悟るとは、普通になることです。どこかが曲がっていたり、ひねくれていたり、または肥大化したりしていた私たちが、曲がっているところがまっすぐになり、ひねくれていたところがなくなり、肥大化していたところがすっきりした時に、本来の美しい姿をした自分、ゆがみの少ない普通の人間に戻ります。全てがすっきりした時、私たちにはそれぞれの悟りが訪れます。つまり、本来の普通の人間に戻った時、私たちは初めて悟りの境地に足を踏み入れるのです。そしておそらく、その先もまたずっと続いているのでしょう。

06

感謝――心からの

心から感謝する。全てに感謝する。

これこそが、一番安全で、一番早い、自分自身に戻る方法です。感謝なくして人生がうまくいくことはありません。全てに感謝しましょう。

感謝の気持ちで一日を始め、感謝の気持ちで一日を終えましょう。

神さまに愛される最高の生き方！

あなたを幸せにする50の極意

2018年3月15日　初版第1刷発行

著　者　山川紘矢　山川亜希子

発行者　笹田大治
発行所　株式会社興陽館
〒113-0024
東京都文京区西片1-17-8 KSビル
TEL:03-5840-7820
FAX:03-5840-7954
URL://www.koyokan.co.jp
振替:00100-2-82041
装　丁　小口翔平 ＋ 上坊菜々子(tobufune)
校　正　新名哲明
編集補助　稲垣園子
編集人　本田道生

印　刷　KOYOKAN,INC.
ＤＴＰ　有限会社天龍社
製　本　ナショナル製本協同組合

ISBN978-4-87723-225-2 C0095

● 山川紘矢・山川亜希子の本

引き寄せの極意

あなたはうまく使いこなせていますか。

山川紘矢・山川亜希子

定価（本体1400円+税）　四六判並製
ISBN978-4-87723-198-9
C0095

『ザ・シークレット』を翻訳、「引き寄せ」ブームをつくったベストセラー翻訳者が贈る、「引き寄せの極意」。「人間関係」・「お金」・「心の平穏」・「運命の出会い」・「本当の幸せ」。読むだけで、すべてはうまく動き出す！

「引き寄せ」という言葉はこうして生まれた！
いいことをたくさん引き寄せる人の共通点
お金と成功を引き寄せる方法
いい人間関係を引き寄せる方法

● 山川紘矢・山川亜希子の本

受け入れの極意

宇宙のプレゼントで生きる

山川紘矢・山川亜希子

定価（本体1400円+税）　四六判並製
ISBN978-4-87723-217-7
C0095

人生は「受け入れ」でうまくいく！

仕事、人間関係、お金、恋愛……人生は、「受け入れ」ですべてうまくいく！「引き寄せの法則」を超える「受け入れの法則」、その極意とは。本当に幸せになるための「受け入れること」について様々な体験をしてきたベストセラー翻訳者、精神世界の第一人者が書下ろした一冊。

カバーイラスト：あーす・じぷしー
Maho Shono

● 山川紘矢・阿部敏郎の本

99%の人が知らない 死の秘密

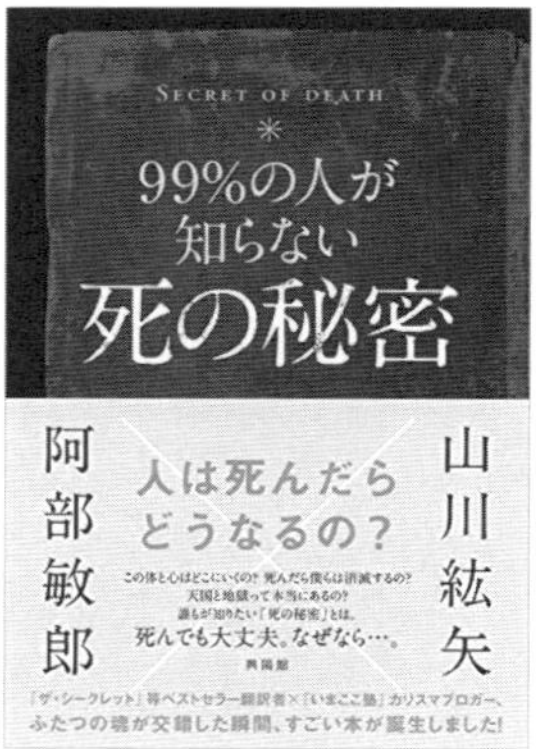

山川紘矢・阿部敏郎

定価(本体1500円+税) 四六判並製
ISBN978-4-87723-189-7
C0095

人は死んだらどうなるの? この体と心はどこにいくの? 死んだら僕らは消滅するの? 天国と地獄って本当にあるの? 誰もが知りたい「死の秘密」とは。
死んでも大丈夫。なぜなら…。

第1章 「死ぬ」ってどういうこと?(「死」を定義すると…。魂ってそもそもなに? ほか)
第2章 「死に方」を考える(自殺したくなるほどつらく苦しいことがあったとき。もし「余命宣告」されたなら……。ほか)
第3章 死後の世界を想像してみる(臨死体験って、どんな感じ? 天国と地獄って本当にあるの? ほか)
第4章 死ぬのは怖くない(人は死なないと言われても、やっぱり死ぬのが怖い…。死ぬこと以前の問題として、病気になるのが怖い…。ほか)
第5章 いま、この瞬間の自分ってなに?(人生で一番大事なことはなんだろう? 物足りない。生きている実感が欲しい! ほか)

● 瞑想の本

わずか数分で心が整う 12の瞑想

あなたは心と頭、使いすぎていませんか？

阿部敏郎

定価（本体1300円+税） 四六判並製
ISBN978-4-87723-204-7
C0095

いつでもどこでも、瞑想で、心のストレスは自分で消せます！

いつでもどこでも、わずか1分から10分程度でできる「12の瞑想」を、いのうえむつみさんのとってもかわいいイラストで紹介。毎日のなかでちょっと試してみるだけで、あなたの心の不安やストレスがみるみる消えていきます！

瞑想指導をのべ数万人に行い、驚くべき効果を出し続けてきた著者が書き下ろした、はじめての瞑想本です。

興陽館の本

海外翻訳

自分を信じる力
ラルフ・ウォルドー・エマソン
大間知知子 訳
自信がきみを強くする。
ひとりになるほど人は強くなる。

最強の生き方
「自分は自分」でうまくいく
アーノルド・ベネット／増田沙奈 訳
最高の人生に終わりはない。
あなたがあなた自身の先生になれ。

孤独は贅沢
– ひとりの時間を愉しむ極意 –
ヘンリー・D・ソロー／増田沙奈 訳
ひとりの贅沢な時間を愉しむ。森の生活者ソローの名言を中心に構成された一冊。

人生メッセージ

孤独がきみを強くする
岡本太郎
孤独こそ人間が強烈に生きるバネだ。
たったひとりのきみに贈るメッセージ。

群れるな
寺山修司
20歳のときに重病ネフローゼが発症、47歳最後の瞬間まで生き抜いた寺山からのメッセージ。

老いを考える本

おしゃれなおばあさんになる本
田村セツコ
年をとるほどおしゃれに暮らそう。セツコさんが書き下ろしたおしゃれの知恵。イラストも満載。

まちがいだらけの老人介護
船瀬俊介
だからあなたは“寝たきり”に。
おかしなおかしな日本の介護を一刀両断。

老人病棟
船瀬俊介
高齢化! こうしてあなたは殺される。

年をとってもちぢまないまがらない
船瀬俊介
1日たった5分の筋トレで背筋ピシッ!

曽野綾子の本

死の準備教育
曽野綾子
少しずつ自分が消える日のための準備をする。
人はどう喪失に備えればいいのか。

老いの冒険
曽野綾子
老年の時間を自分らしく過ごしたい。人生でもっとも自由な時間を心豊かに生きるコツ。

流される美学
曽野綾子
人間は妥協しなければ生きていけない。人間を見つめてきた作家の究極の人間論。

身辺整理、わたしのやり方
曽野綾子
跡形もなくきれいに消えたい。
あした最期の日がきてもいい準備を。

大人気!あした死んでもいいシリーズ

あした死んでもいい暮らしかた
ごんおばちゃま
「身辺整理」してこれからの人生を身軽にすっきり暮らす、「具体的な89の方法」収録。

あした死んでもいい30分片づけ
ごんおばちゃま
「片づけられないループ」にはまってしまったあなた。これならきっとできますよ。

あした死んでもいい片づけ
ごんおばちゃま
お片づけ大人気ブログ『ごんおばちゃまの暮らし方』の本。今日からやっておきたい47のこと。

その他

うつを気楽にいやす本
斎藤茂太
心の名医モタさんの処方箋本

ホームレス川柳
野良猫が俺より先に飼い猫に
興陽館編集部編
生きるってスゴい!
『ビッグイシュー』発、珠玉の137句。